• When talking about an event, use "ser"
"ser de" → made of

Practice Worksheets

for

Caycedo Garner/Rusch/Domínguez

¡Claro que sí!

Second Edition

Prepared by

Debbie Rusch
Boston College

and

Lucía Caycedo Garner
University of Wisconsin—Madison

A special thank you to Louise Neary for transferring data into the Worksheet format.

HOUGHTON MIFFLIN COMPANY   BOSTON   TORONTO
Geneva, Illinois   Palo Alto   Princeton, New Jersey

Senior Sponsoring Editor: F. Isabel Campoy Coronado
Senior Development Editor: Sandra Guadano
Editorial Assistant: Magda Hernández
Electronic Production Specialist: Linnea Meyer
Senior Design/Production Coordinator: Renée Le Verrier
Senior Manufacturing Coordinator: Priscilla Bailey
Marketing Manager: George Kane

Printed in the U.S.A.

ISBN: 0–395–66395–4

3456789-B-97 96 95

CONTENTS

TO THE INSTRUCTOR

The ***¡Claro que sí!* Practice Worksheets** offer additional practice with functions, grammar, vocabulary, and reading. These worksheets provide optional, supplementary material for instructors who would like to provide more written practice for their students. The activities are directly correlated to each chapter of *¡Claro que sí!*

The worksheets are a printed version of the *¡Claro que sí!* Computer Study Modules. Identical activities are offered on computer disk in both Macintosh and IBM formats. The computer program contains on-screen correction.

The ***¡Claro que sí!* Practice Worksheets** offer:

- Ready-to-copy worksheets
- An answer key to all activities
- On-task practice highlighting all functions presented in the text
- Additional mechanical drill of all grammar and vocabulary presented in the text (note: translation is not used)
- Multiple-choice mini-conversations to enhance reading skills and to offer practice in selecting rejoinders
- Cloze paragraphs (deletion of words is selective and not every *n*th word) to further increase students' reading ability and to provide a review of all aspects of language studied

Possible uses of the worksheets:

- Homework assignments for entire class
- Basis for tutoring sessions during office hours
- Remedial assignments for individual students having specific difficulties while a chapter is in progress
- Remedial assignments after a quiz or exam highlighting students' problem areas
- Additional practice with a specific structure based on the correction of a composition (e.g., **ser/ester** + adjective)
- Individual practice for students who have missed or will miss a class (particularly valuable for student-athletes who must miss class frequently)

Worksheet correction may be done in class or the worksheets may be corrected at home by the instructor. Other options include providing students with an answer key for self-correction. If activities are used as a part of a tutoring session in office hours, instructors can go over the worksheets with students on an individual basis.

Institutions without access to computer workstations may find it useful to place a few plastic-coated copies of each chapter's activities in the language lab for student use. Answer keys can be made available for easy self-correction. The worksheets could be made an optional component of the course syllabus.

CAPÍTULO PRELIMINAR

Actividad A: The Missing Word. Complete each sentence by writing the appropriate word.

1. ¿Cómo _______________ llamas?
2. ¿Cómo _______________ llama Ud.?
3. ¿_______________ te llamas?
4. _______________ llamo Miguel.
5. ¿De _______________ eres?
6. Yo _______________ de Nueva York.
7. Soy _______________ Arizona.
8. ¿De dónde _______________ Ud.?
9. ¿_______________ dónde eres?
10. ¿Cómo se _______________ Ud.?
11. ¿Cómo te _______________?

NOMBRE ______________________________ FECHA ______________

Actividad B: Countries. Write the countries where the following capitals are located.

1. Madrid ____________________
2. Buenos Aires ____________________
3. Lima ____________________
4. Santiago ____________________
5. Asunción ____________________
6. Montevideo ____________________
7. Quito ____________________
8. La Paz / Sucre ____________________
9. Caracas ____________________
10. Bogotá ____________________
11. Panamá ____________________
12. San Salvador ____________________
13. Tegucigalpa ____________________
14. Guatemala ____________________
15. Managua ____________________
16. San José ____________________
17. (Ciudad de) México ____________________
18. Havana ____________________
19. San Juan ____________________
20. Santo Domingo ____________________
21. Washington ____________________
22. Roma ____________________
23. Londres ____________________
24. Berlín ____________________
25. Ottawa ____________________
26. París ____________________
27. Lisboa ____________________

Actividad C: Capitals. Write the capitals of the following countries in Spanish.

1. España ____________________
2. Argentina ____________________
3. México ____________________
4. Guatemala ____________________
5. El Salvador ____________________
6. Honduras ____________________
7. Nicaragua ____________________
8. Costa Rica ____________________
9. Panamá ____________________
10. Colombia ____________________
11. Venezuela ____________________
12. Ecuador ____________________
13. Bolivia ____________________
14. Paraguay ____________________
15. Uruguay ____________________
16. Perú ____________________
17. Chile ____________________
18. Canadá ____________________
19. Francia ____________________
20. Inglaterra ____________________
21. Italia ____________________
22. Portugal ____________________

NOMBRE ______________________ FECHA ______________

Actividad D: Spelling. Write the names of the following letters.

1. j ____________
2. l ____________
3. f ____________
4. g ____________
5. h ____________
6. ll ____________
7. ñ ____________
8. r ____________
9. t ____________
10. x ____________
11. z ____________
12. b ____________
13. v ____________
14. y ____________
15. rr ____________
16. ch ____________
17. d ____________
18. p ____________
19. q ____________
20. s ____________
21. c ____________

Actividad E: Accents. Write **sí** if the bold syllable needs an accent and **no** if it does not.

1. capi**tal** ____________
2. te**le**fono ____________
3. **pe**rro ____________
4. Fer**nan**dez ____________
5. a**mi**go ____________
6. vo**cal** ____________
7. pe**li**cula ____________
8. Ca**na**da ____________
9. re**pu**blica ____________
10. ja**bon** ____________
11. **fa**cil ____________
12. Pa**ci**fico ____________
13. **Me**xico ____________
14. Pana**ma** ____________
15. **Qui**to ____________
16. Do**min**guez ____________
17. ha**blar** ____________
18. A**me**rica ____________

NOMBRE ______________________________ FECHA ________________

Actividad F: Cloze Conversations. Complete each conversation by writing the appropriate words.

1. —¿Cómo ____________ llama Ud.?
   —Me ____________ Ramón Pereda. ¿Y ____________?
   —Carlos González. ¿De ____________ es Ud.?
   —____________ de México. ¿ ____________ Ud.?
   —Soy ____________ Panamá.

2. —¿ ____________ estás?
   —Bien, ____________. ¿Y ____________?
   —Regular.

3. —¿ ____________ te llamas?
   —____________ llamo Fernando. ¿Y tú?
   —Me ____________ Alicia.
   —¿ ____________ dónde ____________?
   —Soy ____________ Bolivia. ¿Y ____________?
   —____________ de Venezuela.

4. —¿Cómo está ____________?
   —____________ bien, gracias. ¿ ____________ Ud.?
   —Mal.

NOMBRE ______________________ FECHA ______________

CAPÍTULO 1

Actividad A: Numbers. Write the following numbers.

1. 94 ______
2. 17 ______
3. 70 ______
4. 12 ______
5. 24 ______
6. 55 ______
7. 15 ______
8. 40 ______
9. 19 ______
10. 13 ______
11. 86 ______
12. 11 ______
13. 20 ______
14. 90 ______
15. 14 ______
16. 50 ______
17. 100 ______
18. 16 ______
19. 80 ______
20. 18 ______
21. 60 ______
22. 26 ______
23. 32 ______
24. 21 ______
25. 43 ______
26. 67 ______
27. 78 ______
28. 30 ______

NOMBRE ______________________________ FECHA ______________

Actividad B: Occupations. Associate each of the following words or groups of words with an occupation, then write your answer. Include both masculine and feminine forms if applicable.

❖ Macy's, Sears - ***dependiente/dependienta***

1. Hollywood ______________________
2. Wall Street ______________________
3. Pledge, Hoover, Saniflush ______________________
4. Colgate, Crest ______________________
5. hospital ______________________
6. un sándwich y una Coca-Cola ______________________
7. Dow Jones, Paul Volker, Alan Greenspan ______________________
8. teléfono ______________________
9. IBM, Macintosh ______________________
10. tenis, fútbol ______________________
11. Olivetti, dictado, 9:00 a 5:00 ______________________
12. TWA, Pan Am, hoteles ______________________
13. examen, universidad ______________________
14. Perry Mason, La ley de Los Ángeles ______________________

NOMBRE ______________________________ FECHA ____________________

Actividad C: Verbs - Singular Forms. Complete each sentence by writing the appropriate forms of the verbs **llamarse**, **tener**, and **ser**.

1. ¿Cuántos años ____________ tú?
2. No, él no ____________ de San Juan.
3. Ella ________ ____________ Begoña.
4. Ud. ____________ 35 años, ¿no?
5. Yo ____________ de Santiago.
6. Él ____________ 10 años.
7. ¿De dónde ____________ él?
8. ¿Cómo ________ ____________ tú?
9. ¿De dónde ____________ el señor García?
10. ¿Cómo ________ ____________ Ud.?
11. Él ____________ de España, ¿no?
12. Yo ____________ 25 años.
13. Yo ________ ____________ Carmen.
14. Tú ____________ de Italia, ¿no?
15. Él ________ ____________ Raúl.
16. La señora ____________ 36 años.
17. ¿De dónde ____________ Ramón?
18. El señor Balanciaga ____________ 56 años.
19. ¿De dónde ____________ tú?
20. Carmelita ____________ 15 años.
21. ¿De dónde ____________ ella?
22. Ella ____________ 40 años.
23. No, yo no ____________ de Santo Domingo.
24. ¿De dónde ____________ Ud.?

NOMBRE ______________________________ FECHA ______________

Actividad D: Verbs - Singular and Plural. Complete each sentence by writing the appropriate forms of the verbs **llamarse, tener,** and **ser.**

1. Tú ______________ de Ecuador, ¿no?
2. Él ______________ 23 años.
3. Mi padre ________ ______________ Ramón.
4. ¿De dónde ______________ vosotros?
5. Ella ________ ______________ María.
6. Ellos no ______________ 21 años.
7. Yo ______________ de Chichicastenango.
8. ¿Cómo ________ ______________ Uds.?
9. Ella ______________ de Zaragoza.
10. Nosotros ______________ 18 años.
11. ¿De dónde ______________ Uds.?
12. ¿Cómo ________ ______________ tú?
13. ¿De dónde ______________ Ud.?
14. ¿Cuántos años ______________ tú?
15. ¿Cómo ________ ______________ ellos?
16. Marcos y Hernando ______________ de Guadalajara.
17. ¿Cómo ________ ______________ vosotros?
18. Carlos y yo ______________ 20 años.
19. Ellos ________ ______________ Víctor y Ana.

NOMBRE ______________________________ FECHA ____________________

Actividad E: Question Words. Complete each question by writing the appropriate question word (**cómo, cuál, cuántos, de dónde, qué, quién, quiénes**). Remember to use accents.

1. ¿______________ años tienes?
2. ¿______________ se llaman ellos?
3. ¿______________ son ellos?¿De Santo Domingo?
4. ¿______________ años tiene él?
5. ¿______________ es tu número de teléfono?
6. ¿______________ es Ud.?¿De Colombia?
7. ¿______________ se llama Ud.?
8. ¿______________ hace tu padre?
9. ¿______________ hace tu madre?
10. Y la chica de Puerto Rico, ¿______________ es?
11. Y el señor Ramírez, ¿______________ es? ¿De Venezuela?
12. ¿______________ es tu número de pasaporte?
13. Y el señor de Costa Rica, ¿______________ se llama?

NOMBRE ________________________________ FECHA ________________

Actividad F: Information Questions and Answers. Read the following information questions and write an appropriate answer for each. Use complete sentences.

1. ¿Cuántos años tiene tu madre?

____

2. ¿Cómo te llamas?

____

3. Somos de Madrid. ¿Y Ud.?

____

4. ¿Cuántos años tienes?

____

5. ¿Cuál es tu número de teléfono?

____

6. ¿Cuántos años tiene Tomás?

____

7. ¿Cómo se llama ella?

____

8. ¿De dónde es Paco?

____

9. ¿Quiénes son de Bolivia?

____

10. ¿De dónde son Fernando y Jorge?

____

11. ¿Cómo se llaman ellos?

____

12. ¿Cuántos años tiene tu padre?

____

13. ¿De dónde eres?

____

14. ¿Cuántos años tiene ella?

____

15. ¿De dónde son Uds.?

____

16. ¿Cómo se llaman ellas?

____

17. ¿De dónde es tu madre?

____

18. ¿Cómo se llama Ud.?

19. ¿De dónde es María?

20. ¿Cómo se llama tu padre?

21. ¿De dónde son Ana y Luisa?

22. Soy de Panamá. ¿Y tú?

23. ¿Quién es él?

24. ¿Quién es ella?

25. ¿De dónde son ellos?

26. ¿Cómo se llama tu madre?

27. ¿De dónde es Ud.?

28. ¿De dónde es tu padre?

29. ¿Cuántos años tiene tu padre?

30. ¿De dónde sois vosotros?

NOMBRE ______________________ FECHA ______________

Actividad G: Questions and Affirmative Answers. Read the following yes/no questions and write an affirmative answer for each. Use complete sentences. Remember that sí has an accent and is followed by a comma.

1. ¿Es Ramón?

____

2. ¿Es de Managua Gonzalo?

____

3. Eres de Bogotá, ¿no?

____

4. Ud. es de Viña del Mar, ¿no?

____

5. ¿Tiene Ud. 21 años?

____

6. Ellos tienen 18 años, ¿no?

____

7. Te llamas Margarita, ¿no?

____

Actividad H: Questions and Negative Answers. Read the following questions and write a negative answer for each. There may be two possibilities for each answer.

❖ ¿Eres de Panamá?
***No, (yo) no soy de Panamá. / No, (yo) soy de* + another country.**

1. ¿Eres María?

____

2. ¿Tienes 21 años?

____

3. ¿Son Paula y Teresa?

____

4. ¿Es Ud. de Colombia?

____

5. ¿Te llamas Pablo?

____

6. ¿Son Uds. de Argentina?

____

Actividad I: Mini Conversations. Read each of the following conversations and write the letter of the logical completion.

1. —¿Cómo te llamas?
   —Marisel.

   —________________

   a. Igualmente.
   b. Encantado.
   c. Se llama Rafael.

2. —¿Cómo se llama?
   —¿Quién, él?

   —________________

   a. No, ella.
   b. No, tú.
   c. No, ellos.

3. —Soy de México. ¿Y Ud.?

   —________________

   a. Soy de San José también.
   b. Soy de Honduras.
   c. No, soy de Costa Rica.

4. —¿Eres de San Juan?

   —________________

   a. No, no soy de San José.
   b. No, soy de San Juan.
   c. No, soy de San José.

5. —¿Cómo se llaman ellos?

   —________________

   a. Me llamo Ana y él se llama Miguel.
   b. Se llaman Elena y Pepe.
   c. Se llaman Victoria y Elisa.

6. —Pablo es de Bogotá.
   —Y Yolanda, ¿también es de Bogotá?

   —________________

   a. No, no es de Colombia.
   b. No es de Venezuela.
   c. No, es de Colombia.

NOMBRE ____ FECHA ____________________

Actividad J: Cloze Paragraph. Complete the paragraph by writing the appropriate words.

Hola. ________________ llamo Carmen Fernández Fernández. ________________ de Madrid, la ________________ de España. ________________ secretaria. Tengo 32 ________________. Mi padre ________________ llama Fernando Fernández González y ________________ de Madrid también. Él es hombre de ________________. Mi madre se ________________ Elisa Fernández Durán. Ella no ________________ de Madrid, es ________________ Santander. Ella es ________________ de casa.

NOMBRE ______________________________ FECHA ______________

CAPÍTULO 2

Actividad A: Common Objects. Associate each of the following words or groups of words with common objects, then write your answer.

1. Nikon, Cannon ______________
2. Washington Post, New York Times ______________
3. discos ______________
4. Bon Jovi, Buddy Holly, Andrés Segovia ______________
5. Chanel número 5 ______________
6. [(243 + 456) – 537] x 985 = n ______________
7. Crest, Colgate ______________
8. Suave, Prell, Vidal Sassoon ______________
9. Apple, IBM, Atari ______________
10. Dial, Ivory ______________
11. Gillette, Norelco ______________
12. WIBA AM, WHIP FM ______________
13. 5:30 p.m. ______________
14. Time, Newsweek, Sports Illustrated, Vogue ______________
15. Zenith, RCA ______________
16. 1-900-555-8957 ______________
17. mesa, estudiar ______________
18. Agatha Christie, Gabriel García Márquez, James Michener ______________
19. cassettes ______________
20. Olivetti, secretario ______________

Actividad B: Class Subjects. Write the subject that you associate with the following clues.

1. (23 X 4)(20 – 6) = n ______________
2. Isabel Allende, Edgar Allan Poe, James Michener ______________
3. plantas, animales, Darwin ______________
4. Rembrandt, Diego Rivera, Frida Kahlo, Andy Warhol ______________
5. adjetivos, Shakespeare, verbos, composiciones ______________
6. Cristóbal Colón, Ponce de León, George Washington, Simón Bolívar ______________
7. Lee Iacocca, Donald Trump ______________
8. la mujer y la familia en Hispanoamérica ______________

NOMBRE ______________________________ FECHA ______________

Actividad C: Common Verbs. Associate each of the following words or groups of words with a verb, then write your answer.

1. Mark Spitz ______________________
2. ballet, tango, rumba ______________________
3. sándwich ______________________
4. Coca-Cola, Pepsi, vino, café ______________________
5. examen, libro, universidad ______________________
6. español, inglés, teléfono ______________________
7. el maratón de Boston, Alberto Salazar, Mary Decker Slaney ______________________
8. Vail, Steamboat, Aspen ______________________
9. discos, cassettes ______________________
10. Plácido Domingo, ópera, Monserrat Caballé ______________________
11. composiciones ______________________
12. periódicos, novelas, revistas ______________________
13. 9:00 a 5:00 ______________________
14. televisión ______________________

Actividad D: Days of the Week. Write the day that follows in each series. Remember: days of the week are not capitalized in Spanish.

1. sábado, domingo, ______________________
2. viernes, sábado, ______________________
3. martes, miércoles, ______________________
4. miércoles, jueves, ______________________
5. domingo, lunes, ______________________
6. jueves, viernes, ______________________
7. lunes, martes, ______________________

NOMBRE ________________________________ FECHA ____________________

Actividad E: *El, la, los* o *las*. For each word, write the appropriate definite article (**el, la, los, las**).

1. toalla __________
2. cepillos __________
3. cama __________
4. escritorio __________
5. lámparas __________
6. silla __________
7. cámara __________
8. máquinas __________
9. periódicos __________
10. reloj __________
11. plantas __________
12. estéreo __________
13. guitarra __________
14. perfumes __________
15. calculadora __________
16. champú __________
17. cintas __________
18. crema __________
19. diccionario __________
20. discos __________
21. grabadora __________
22. jabón __________
23. mesas __________
24. novela __________
25. peine __________
26. revistas __________
27. sofá __________
28. televisor __________
29. teléfonos __________
30. ciudad __________
31. vídeo __________
32. noche __________
33. tarde __________
34. día __________
35. problema __________
36. programas __________
37. universidad __________
38. información __________
39. director __________
40. actores __________
41. especialidad __________
42. nación __________
43. lápiz __________

Actividad F: Singular/Plural. Write the following words in the plural. Remember to change the definite article.

1. el disco ______________________
2. la silla ______________________
3. la ciudad ______________________
4. el lápiz ______________________
5. la nación ______________________
6. el examen ______________________
7. la ingeniera ______________________
8. el hombre ______________________
9. la cinta ______________________
10. la mesa ______________________
11. la novela ______________________
12. la revista ______________________
13. el periódico ______________________
14. la universidad ______________________
15. la actriz ______________________
16. el doctor ______________________
17. el televisor ______________________
18. el escritorio ______________________
19. la cama ______________________

NOMBRE ______________________________ FECHA ________________

Actividad G: *Gustar* + Article + Noun. Complete each sentence by writing the appropriate word (**me, te, le, nos, os, les**) or form of the verb **gustar**.

1. A José y a Víctor ________________ gusta el vídeo.
2. A mí ________________ gusta el disco.
3. A Ramón ________________ gusta la universidad.
4. A ti ________________ gustan las plantas.
5. ¿A Ud. ________________ gusta la televisión?
6. A nosotros ________________ gusta el programa.
7. A ti ________________ gustan las plantas.
8. ¿Le ________________ el perfume?
9. ¿A vosotros ________________ gusta la música?
10. No me ________________ la biología.
11. A ella ________________ gusta la sangría.
12. A nosotros nos ________________ la universidad.
13. A Vicente y a mí ________________ gusta la novela.
14. A Ana y a ti ________________ gusta el vino, ¿no?
15. Me ________________ el té.
16. A ellos ________________ gusta el café.
17. ¿Te ________________ los discos?
18. ¿A Ud. le ________________ la literatura?
19. ¿A Uds. les ________________ las clases?
20. Al Sr. Vicens y a Ud. ________________ gusta la ciudad, ¿no?
21. Me ________________ las matemáticas.
22. A la Sra. Guzmán no ________________ gusta la clase.

NOMBRE ______________________________ FECHA ____________________

Actividad H: *Gustar* + Infinitive/Article + Noun. Complete each sentence by writing the appropriate word (**me, te, le, nos, os, les**) or form of the verb **gustar**.

1. A Juan ________________ gustan las cámaras Nikon.
2. Al Sr. Ramírez le ________________ esquiar.
3. ¿A Ud. le ________________ estudiar inglés?
4. Nos ________________ cantar y escribir poemas.
5. A ellos les ________________ leer novelas de detectives.
6. A Paulina le ________________ las revistas Cambio 16 y Hola.
7. A Pepe y a mí ________________ gusta bailar salsa.
8. A Ana le ________________ mirar vídeos y leer libros.
9. A Carl Lewis le ________________ correr.
10. A ellos ________________ gusta escuchar música clásica.
11. A mí no me ________________ los exámenes de biología.
12. ¿A Ud. ________________ gusta comprar cintas o discos compactos?

NOMBRE ______________________________ FECHA ____________________

Actividad I: *Tener que* + Infinitive. Complete each sentence by writing the appropriate form of the verb **tener**.

1. Jorge __________________ que correr cinco kilómetros mañana.
2. Tú __________________ que estudiar más.
3. Yo __________________ que estudiar esta noche.
4. Carlos, __________________ que comprar pasta de dientes.
5. Uds. __________________ que trabajar el sábado.
6. Vosotros __________________ que leer la novela esta noche.
7. ¿__________________ que cantar Ud. el sábado?
8. ¿__________________ que estudiar Marcos y tú la semana que viene?
9. ¿__________________ que trabajar la Sra. Beltrán y Ud. mañana?
10. ¿Yo __________________ que ir a la clase de biología.

Actividad J: *Ir a* + Infinitive. Complete each sentence by writing the appropriate form of the verb **ir**.

1. ¿Qué __________________ a hacer tú mañana?
2. El sábado mi padre __________________ a comprar un sofá.
3. Yo __________________ a bailar en el Club Caribe esta noche.
4. ¿__________________ a trabajar Ud. esta noche?
5. ¿Qué __________________ a comprar Uds.?
6. ¿__________________ a correr vosotros mañana?
7. Roberto y yo __________________ a estudiar esta tarde.

NOMBRE ______________________ FECHA ______________

Actividad K: Question/Answer. Read the following questions and write an appropriate answer for each. Use complete sentences.

1. ¿Te gusta bailar?

____

2. ¿Tienes que estudiar esta noche?

____

3. ¿A Ud. le gusta esquiar?

____

4. ¿Vas a cantar esta noche?

____

5. ¿Van a trabajar Uds. esta noche?

____

6. ¿A Ud. le gusta más beber Coca-Cola o Pepsi?

____

7. ¿Va a comprar una computadora Juan?

____

8. ¿A Ana y a ti les gusta nadar?

____

9. ¿De quién es el estéreo?

____

Actividad L: Miniconversations. Read each of the following conversations and write the letter of the logical completion.

1. —¿Qué vas a hacer mañana?
   —Voy a esquiar. ¿Y tú?

   —________________

   a. Me gusta esquiar también.
   b. Vas a mirar la televisión.
   c. Voy a correr 5 kilómetros.

2. —¿Tienes que estudiar esta noche?
   —Sí, tengo un examen.
   —¿Cuándo?

   —________________

   a. El lunes.
   b. Hoy.
   c. Esta tarde.

3. —¿Tienes un vídeo?
   —Sí, pero no es mi vídeo.
   —¿De quién es?

   —________________

   a. Es mi vídeo.
   b. Son de Ramón.
   c. Es de Rafael.

4. —¡Ah! Tienes café.
   —Sí, es de Colombia. ¿Te gusta el café?

   —________________

   a. ¡Claro que sí!
   b. Sí, le gusta mucho.
   c. ¿De veras?

5. —¿De quién es la toalla?
   —Es de Marisel.
   —¿Y de quiénes son los peines?

   —________________

   a. Es de Marisel también.
   b. Son de Diana y de Teresa.
   c. Por supuesto.

6. —¿Te gustan más los discos compactos o los cassettes?
   —A mí me gustan más los discos compactos.

   —________________

   a. A mí sí.
   b. A mí también.
   c. A mí también me gustan más los cassettes.

7. —¿Qué tienen que hacer Uds. la semana que viene?
   —Tenemos que comprar una computadora. ¿Y Uds.?

   —________________

   a. Mañana tenemos que trabajar.
   b. Yo tengo que estudiar y Carmen tiene que escribir una composición.
   c. Tienen que comprar una computadora también.

8. — Plácido Domingo va a cantar el sábado. ¿Te gusta la ópera?
   —Sí, me gusta mucho.
   —¿Y a tu padre le gusta?

   —________________

   a. Sí, te gusta.
   b. No, le gusta.
   c. Sí, le gusta mucho.

NOMBRE ______________________________ FECHA ________________

Actividad M: Cloze Paragraphs. Complete each paragraph by writing the appropriate words.

1. Hola. Me ______________ José Peña Porta. Soy ______________ Madrid, pero mis padres ______________ de La Coruña. Tengo ______________ examen ______________ lunes y tengo ______________ estudiar, pero hoy ______________ viernes y Marta y yo ______________ a bailar esta ______________. Mañana voy ______________ estudiar.

2. Soy Jesús Coello Rodríguez y ______________ de México. ______________ gusta nadar, cantar, bailar y escuchar música. Por eso me ______________ visitar Acapulco. Voy ______________ estudiar música en ______________ universidad. Me gusta ______________ música clásica, pero también me ______________ el jazz.

3. Hoy tengo ______________ estudiar porque ______________ un examen final ______________. Mi amigo Lorenzo ______________ que trabajar; no le ______________, pero tiene que ______________. Lorenzo y yo vamos ______________ salir ______________ noche porque ______________ gusta bailar y escuchar ______________.

4. Mi padre ______________ que estudiar español porque ______________ a trabajar en Puerto Rico, por eso va a ir a ______________ universidad. Le gusta mucho Puerto ______________ porque le ______________ nadar y escuchar y bailar salsa. Va a comprar ______________ libro de español y ______________ cassettes. ______________ clases ______________ lunes, los miércoles y los jueves en la ______________.

NOMBRE ______________________ FECHA ______________

CAPÍTULO 3

Actividad A: Nationalities. Change the following sentences to indicate the person's nationality. Substitute a subject pronoun. (Remember that nationalities are not capitalized in Spanish.)

❖ Juan es de España. ***Él es español.***

1. La ingeniera es de Nicaragua. ______________________
2. La profesora es de África. ______________________
3. Mi madre es de Colombia. ______________________
4. Los ingenieros son de Europa. ______________________
5. Pablo es de Guatemala. ______________________
6. Mis padres son de Ecuador. ______________________
7. La Sra. Vilar es de Italia. ______________________
8. El estudiante es de Brasil. ______________________
9. Las señoras son de Francia. ______________________
10. La doctora es de Panamá. ______________________
11. Los estudiantes son de Paraguay. ______________________
12. La atleta es de Rusia. ______________________
13. El abogado es de El Salvador. ______________________
14. Mi padre es de Chile. ______________________
15. El actor es de Uruguay. ______________________
16. Los economistas son de Venezuela. ______________________
17. El dentista es de Alemania. ______________________
18. El director es de Inglaterra. ______________________
19. Mis padres son de Portugal. ______________________
20. Mi padre es de Irlanda. ______________________
21. El médico es de Francia. ______________________
22. La estudiante es de Irlanda. ______________________
23. La dentista es de Canadá. ______________________
24. Los profesores son de España. ______________________
25. La actriz es de Alemania. ______________________
26. Los atletas son de Costa Rica. ______________________
27. Las profesoras son de Perú. ______________________
28. Francisco es de Puerto Rico. ______________________
29. Los doctores son de Inglaterra. ______________________
30. Mis padres son de los Estados Unidos. ______________________

NOMBRE ______________________________ FECHA ____________________

Actividad B: Places. Associate each of these words with places, then write your answer.

❖ Robert Redford – ***el cine***

1. católico, protestante ____________________
2. E.T., Hitchcock, Spielberg ____________________
3. nadar, Océano Pacífico, Mar Caribe, Acapulco ____________________
4. tomates, Coca-Cola, cereal, papas ____________________
5. profesores, estudiantes, libros ____________________
6. libros, papel, dólares, comprar ____________________
7. libros, leer, estudiar, estudiantes ____________________
8. máquina de escribir, secretaria, computadora, escritorio ____________________
9. nadar, hotel, club, YMCA/YWCA ____________________
10. Shakespeare, Broadway ____________________
11. comprar, vender, papel, champú, discos, etc. ____________________
12. AAA, agente, Pan Am, TWA ____________________
13. sándwich, comer ____________________

NOMBRE ______________________ FECHA ______________

Actividad C: Antonyms. Write an antonym (opposite) for each of the following adjectives.

1. tonto ______________
2. malo ______________
3. simpático ______________
4. viejo ______________
5. moreno ______________
6. feo ______________
7. bueno ______________
8. mayor / viejo ______________
9. gordo ______________
10. corto ______________
11. alto ______________
12. inteligente ______________
13. delgado ______________
14. nuevo ______________
15. grande ______________
16. antipático ______________
17. bonito ______________
18. pequeño ______________
19. largo ______________
20. bajo ______________
21. guapo ______________
22. estúpido ______________
23. flaco ______________
24. joven ______________
25. rubio ______________

NOMBRE ______________________________ FECHA ____________________

Actividad D: Verb Conjugations. Complete each of the following sentences by choosing the logical verb and writing its appropriate form.

1. Yo ________________ mucho en la clase de economía. (aprender, regresar)
2. Ellos ________________ composiciones todas las semanas. (tocar, escribir)
3. Nosotros ________________ en la piscina del hotel. (vivir, nadar)
4. ¿Qué ________________ Uds.? (necesitar, vivir)
5. ¿Dónde ________________ tus padres? (llevar, vivir)
6. La tienda ________________ periódicos. (estudiar, vender)
7. ¿________________ vosotros en la biblioteca o en casa? (estudiar, desear)
8. Yo ________________ con mi novia, Victoria. (salir, recibir)
9. Carmen y Felipe ________________ el piano muy bien. (tocar, cantar)
10. Los viernes mi novio y yo ________________ con amigos. (molestar, salir)
11. Roberto y yo ________________ en un restaurante todos los sábados. (usar, comer)
12. Tú ________________ español todos los días. (hablar, visitar)
13. ¿Te gusta ________________ la televisión? (beber, mirar)
14. Tengo que ________________ una novela esta noche. (leer, bailar)
15. Mi padre ________________ comprar una computadora. (recibir, necesitar)
16. ¿________________ Ramón con Alejandra? (vivir, llevar)
17. Ellas ________________ Coca-Cola, pero a mí me gusta más la Pepsi. (comprar, caminar)
18. Yo ________________ café todas las mañanas. (beber, caminar)
19. ¿________________ vosotros mañana? (usar, regresar)
20. Isabel Allende ________________ novelas. (aprender, escribir)
21. ¿________________ bien tú? (visitar, bailar)
22. ¿________________ Ud. música clásica o música popular? (escuchar, correr)

Actividad E: Verbs with Irregular *yo* Forms. Complete each of the following sentences by choosing the logical verb and writing its appropriate form.

1. Carmen y Ramón no ________________ la computadora hoy. (saber, traer)
2. Yo ________________ a tu profesor de español. (hacer, conocer)
3. El autobús ________________ esta tarde. (hacer, salir)
4. Yo no ________________ a Carlos. ¿Dónde está? (traer, ver)
5. —¿Dónde ________________ (yo) mis libros? (poner, saber)

   —En la mesa.
6. ¿Vas a ________________ los discos? (traer, salir)
7. El niño no ________________ nada. (ver, salir)
8. ¿________________ Ud. la ciudad de Cali? (conocer, poner)
9. Bueno, entonces yo ________________ el vino y tú las papas fritas. (traer, salir)
10. —¿Cuándo vas a Viña del Mar?

    —________________ mañana. (traer, salir)
11. —¿Traducen libros al inglés?

    —No, nosotros no ________________ al inglés. (ofrecer, traducir)
12. Alberto no ________________ a mis padres. (salir, conocer)
13. —¿Tocas el piano?

    —Sí, toco muy bien y también ________________ cantar y bailar. (saber, hacer)
14. —¿Vas a estudiar el sábado?

    —¡Yo no ________________ nada los sábados! (hacer, traer)
15. —¿________________ vosotros a mi madre? (poner, conocer)

    —Sí.

NOMBRE ______________________ FECHA ______________

Actividad H: Adjective Placement. Rewrite each of the following sentences in the correct order. Add any necessary words and supply the correct forms of the verbs and adjectives given.

❖ bajo/mi/ser/profesora/historia
Mi profesora de historia es baja.

1. abogado/simpático/mi/ser

____

2. estar/doctora/tu/enferma

____

3. madre/mi/ingeniera/fantástico/ser

____

4. cuatro/yo/discos/necesitar

____

5. tener/amigos/ellos/mucho

____

6. importante/tener/examen/nosotros

____

7. trabajar/en/pequeño/ella/tienda

____

8. ir/cine/nosotros

____

NOMBRE ______________________________ FECHA ______________

Actividad I: Miniconversations. Read each of the following conversations and write the letter of the logical response.

1. —¿Tienes que estudiar esta noche?
   —Sí, pero tengo que trabajar.
   —¿Trabajas los lunes?

   —______________

   a. Sí, y los martes y viernes, también.
   b. Sí, tengo un examen.
   c. No, pero los lunes sí.

2. —¿Te gustaría una Coca-Cola?

   —______________

   a. No, como poco.
   b. Sí, me gusta.
   c. No, bebo Pepsi.

3. —¿Qué escuchan Uds.?

   —______________

   a. Una revista.
   b. Sí, escuchamos.
   c. Unos discos compactos.

4. —¿Vas a ir a la tienda?
   —No, tengo que estudiar.
   —Entonces, ¿adónde vas?

   —______________

   a. A la tienda.
   b. A la librería.
   c. A la biblioteca.

5. —¿De dónde es Pablo?
   —Es de Santiago.

   —______________

   a. Ah, es suramericano.
   b. Ah, es centroamericano.
   c. Ah, es venezolano.

6. —¿Te gusta Humphrey Bogart?
   —Sí, me gusta mucho.
   —Es un actor fantástico.
   —¿Vamos al cine esta noche?

   —______________

   a. No, tengo que escribir una composición.
   b. Me gusta mirar la televisión.
   c. No, van al teatro.

7. —Necesito aspirinas.
   —¿Adónde vas?

   —______________

   a. Voy a la escuela.
   b. Voy a la farmacia.
   c. Voy a la iglesia.

8. —¿De quién son los discos compactos?
   —Son de Pablo.
   —¿Y las cintas?

   —______________

   a. Es su cinta.
   b. Son sus cintas, también.
   c. No, no son de Jorge.

9. —¿Cómo está tu padre hoy?

   —______________

   a. Muy enferma.
   b. Muy inteligente.
   c. Muy cansado.

10. — ¿Cómo son tus profesores?

    —______________

    a. Inteligente.
    b. Interesantes.
    c. Aburridas.

NOMBRE ______________________________ FECHA ______________

Actividad J: Cloze Paragraphs. Complete each paragraph by writing the appropriate words.

1. Mi amigo Juanjo y su novia son muy diferentes. Él es alto y ella es ______________. Ella es delgada y él es ______________. Él es un estudiante ______________ y ella es ______________ estudiante ______________. Es interesante, pero ellos ______________ buenos amigos.

2. Mis profesores ______________ muy interesantes. Mi profesor ______________ historia es muy serio. Él ______________ alto, delgado y rubio. Mi profesora de literatura ______________ joven e inteligente. Ella ______________ loca. Ella ______________ cinco novelas cada semana. Increíble, ¿no? Mi ______________ de economía es atlético. Él ______________ cinco kilómetros todos los días en la piscina de la universidad. Todos ______________ profesores son diferentes.

3. Mi novia y yo ______________ en una tienda porque ______________ dinero para la universidad. La tienda no ______________ grande, es ______________. La madre de ______________ novia es ______________ dueña. Mi novia y yo tenemos ______________ clases diferentes. Nosotros ______________ inteligentes, pero ______________ que estudiar mucho. Ella ______________ los lunes y los miércoles en la tienda y yo ______________ los martes y los jueves. Los sábados ______________ en un restaurante y vamos ______________ cine.

NOMBRE ______________________________ FECHA ____________________

CAPÍTULO 4

Actividad A: Body Parts/Reflexive Verbs. Write the word that does not belong in each of the following groups.

1. mano, dedos, estómago, brazo ____________________
2. ojos, boca, oídos, piernas ____________________
3. espalda, barba, bigote, pelo ____________________
4. ojos, labios, lengua, boca ____________________
5. peinarse, dedo, cepillarse, pelo ____________________
6. rodilla, brazo, codo, hombro ____________________
7. afeitarse, barba, bigote, codo ____________________
8. mano, cara, maquillarse, ojos ____________________
9. peinarse, maquillarse, pelo, cepillarse ____________________
10. hablar, escuchar, boca, lengua ____________________
11. espalda, correr, piernas, pies ____________________
12. espalda, hombros, estómago, pie ____________________
13. afeitarse, oreja, pierna, cara ____________________

NOMBRE ______________________________ FECHA ____________________

Actividad B: Months. Write the month that follows in each series.

1. diciembre, enero, ____________________
2. julio, agosto, ____________________
3. febrero, marzo, ____________________
4. octubre, noviembre, ____________________
5. junio, julio, ____________________
6. marzo, abril, ____________________
7. septiembre, octubre, ____________________
8. mayo, junio, ____________________
9. enero, febrero, ____________________
10. agosto, septiembre, ____________________
11. noviembre, diciembre, ____________________
12. abril, mayo, ____________________

Actividad C: Writing Dates. Write the following dates.

1. 2/4 ____
2. 1/5 ____
3. 25/12 ____
4. 4/1 ____
5. 9/8 ____
6. 4/7 ____
7. 14/2 ____
8. 30/6 ____
9. 31/12 ____
10. 24/12 ____

NOMBRE ______________________ FECHA ______________

Actividad D: Seasons. Write the season that you associate with these words.

1. nadar ______________
2. esquiar en Colorado ______________
3. junio, julio, agosto en España ______________
4. junio, julio, agosto en Chile ______________
5. diciembre, enero, febrero en los Estados Unidos ______________
6. diciembre, enero, febrero en Argentina ______________
7. marzo, abril, mayo en Madrid ______________
8. marzo, abril, mayo en Buenos Aires ______________
9. septiembre, octubre, noviembre en Nueva York ______________
10. septiembre, octubre, noviembre en Viña de Mar, Chile ______________

NOMBRE ______________________________ FECHA ______________

Actividad E: Reflexive Verbs. Complete each of the following sentences by choosing the logical verb and typing its appropriate form. Some are reflexives and some are not.

1. —¿Está Felipe?

   —Sí, pero está ______________________ ahora. (ducharse, maquillarse)
2. Mi padre siempre ______________________ por la mañana. (afeitarse, quitarse)
3. Los hombres ______________________ todos los días. (afeitarse, maquillarse)
4. Yo ______________________ los dientes después de comer. (peinarse, cepillarse)
5. Los niños son muy buenos. Siempre ______________________ las manos antes de comer. (quitarse, lavarse)
6. Los lunes, nosotros ______________________ temprano. (quitarse, levantarse)
7. Vosotros ______________________ temprano, ¿no? (levantar, levantarse)
8. Los fines de semana, yo ______________________ tarde. (levantarse, ponerse)
9. —¿Podrías ir a la tienda ahora?

   —Ahora no, estoy ______________________. (peinarse, bañarse)
10. El pelo de Juan está muy feo. No sé por qué no ______________________. (levantarse, peinarse)
11. ¿Qué vas a ______________________ para ir a la fiesta? (poner, ponerse)
12. Tengo que ______________________ la ropa hoy. (lavar, lavarse)
13. Yo ______________________ en una cafetería todas las mañanas. (cepillarse, desayunarse)
14. —¿Dónde están Ana y Paula?

    —Están ______________________ la cara. (maquillarse, afeitarse)

NOMBRE ____________________ FECHA ____________

Actividad F: Reflexives in Questions/Answers. Answer each of the following sentences. Some are reflexives and some are not.

1. ¿Te levantas temprano o tarde?

____

2. ¿Te bañas o te duchas normalmente?

____

3. ¿Te afeitas la barba?

____

4. ¿Se maquilla mucho Tammy Baker?

____

5. ¿Uds. se cepillan los dientes con Crest?

____

6. ¿Dónde se desayuna Ud.?

____

7. ¿Se afeita Ud. las piernas?

____

8. ¿Se peina Telly Savalas?

____

NOMBRE ____ FECHA ______________________

Actividad G: Personal *a* and the Preposition *a*. Fill in the blanks with **a** if the personal **a** or preposition is needed. Leave blanks empty if neither is required.

1. Veo ____ tu padre.
2. No veo ____ la televisión.
3. ¿____ ti te gusta la clase?
4. Conocemos ____ un dentista excelente.
5. Traigo ____ los cassettes.
6. Vamos ____ comer en un restaurante, ¿no?
7. Nosotros visitamos ____ mis padres todos los sábados.
8. ¿No ves ____ Ramón? Está allí.
9. No sé ____ su nombre.
10. Van a ir ____ la tienda.
11. No bebo ____ café porque tiene cafeína.

NOMBRE ______________________________ FECHA ____________________

Actividad H: Weather, Months, and Seasons. Correct the following sentences by changing the words in boldface.

1. En el invierno **hace calor.** ____________________
2. En el verano **hace frío.** ____________________
3. En Argentina **la primavera** es en abril. ____________________
4. En los Estados Unidos no hay clases en julio porque es **el invierno.** ____________________
5. Cuando es el verano en España es **la primavera** en Chile. ____________________
6. En el invierno **llueve** en Alaska. ____________________
7. En Puerto Rico **hace mal tiempo.** ____________________
8. **Junio, julio y agosto** son los tres meses de verano en Chile. ____________________
9. Septiembre, octubre y noviembre son los tres meses de **primavera** en los Estados Unidos.

    ____

Actividad K: Miniconversations. Read each of the following conversations and write the letter of the logical response.

1. —¿Podría hablar con Juan?

   —_______________

   a. Ahora no. Se está duchando.
   b. Ahora no. Se está peinando.
   c. Ahora no. Está maquillándose.

2. —¿Cuánto es este disco compacto?
   —1.900 pesetas.
   —¿Y aquel cassette?

   —_______________

   a. ¿Aquello?
   b. Aquel cassette es 1.800 pesetas.
   c. Esto es muy barato.

3. —Carlos desea trabajar en Santo Domingo.

   —_______________

   a. Aquél no me gusta.
   b. Ésa no me gusta.
   c. Eso no me gusta.

4. —¿Conoces a Felipe?
   —Es alto y moreno, ¿no?
   —No, es bajo y rubio.

   —_______________

   a. Pues sí, conoces a Felipe.
   b. Entonces, conozco a Felipe.
   c. Pues, entonces no sé quién es.

5. —Me gustaría comer en un restaurante hoy.
   —Tú conoces esta ciudad, ¿dónde se come bien?

   —_______________

   a. En aquel restaurante que se llama Casa Paco.
   b. No es este restaurante chino.
   c. No se come bien en los restaurantes chinos.

6. —¿Tienen Uds. champú?
   —Sí señora, en la sección de perfumería.

   —_______________

   a. ¿En esta tienda se vende crema de afeitar también?
   b. ¿En aquella tienda se vende crema de afeitar también?
   c. ¿En esa tienda se vende crema de afeitar también?

7. —¿Cuál es la fecha de hoy?

   —_______________

   a. Hoy es martes.
   b. Es el tres de octubre.
   c. Es el segundo.

8. —No sé qué ropa ponerme. ¿Qué tiempo hace?

   —_______________

   a. Es el invierno.
   b. Cuando hace viento.
   c. Hace frío y nieva.

NOMBRE ______________________________ FECHA ______________

Actividad L: Cloze Paragraphs. Complete each paragraph by writing the appropriate words.

1. Por la mañana me ______________ temprano. Me ______________ los pijamas, entro en el baño y ______________ ducho. Después me ______________ los ______________ con Crest. Después ______________ afeito y miro ______________ hombre del tiempo en ______________ televisión para saber qué tiempo ______________. Me pongo la ______________ y ______________ de casa. Me ______________ en una cafetería y mientras el señor ______________ haciendo el café, yo ______________ el periódico.

2. Todas las personas ______________ mi oficina trabajan mucho cuando ______________ el jefe. Pero hoy no está, entonces ______________ empleados están trabajando ______________. Ahora, Carmen está maquillándose los ______________ porque va a ______________ con su novio ______________ tarde. Raúl está ______________ la radio y Felipe está ______________ el periódico. Yo estoy terminando ______________ carta para mi jefe, pero ______________ a salir temprano porque ______________ gustaría comprar unas cintas. Se ______________ cintas a 500 pesetas hoy ______________ la tienda de Jazzman.

3. Dicen que Puerto Rico ______________ muy bonito. Se ______________ en el Altántico o en el Caribe durante el invierno porque siempre hace ______________. Dicen que casi siempre hace ______________ excepto en El Yunque, donde llueve ______________ los días. Se ______________ piñas coladas todo ______________ año; con o sin alcohol son deliciosas. ______________ invierno voy a ir ______________ Puerto Rico para las vacaciones.

Actividad M: Cloze Conversation. Complete the following conversation by writing the appropriate words.

—¿Conoces ______________ disco compacto que tengo en ______________ mano.

—Sí, es ______________ Chick Corea.

—¿Conoces ______________ Chick Corea?

—¡Claro! Es fantástico.

—Y ______________ allí es de Miles Davis. ¡Qué bueno!

—¿Ves discos ______________ salsa?

—Aquéllos ______________ de salsa. Allí hay ______________ disco de Juan Luis Guerra.

—Se ______________ discos compactos muy buenos aquí.

—Sí, y ______________ baratos.

—______________ me gusta.

NOMBRE________________________ FECHA________________

CAPÍTULO 5

Actividad A: Telling Time. Write what time it is.

❖ 12:00 – ***Son las doce.***

1. 1:00 ______________________
2. 9:55 ______________________
3. 5:00 ______________________
4. 3:40 ______________________
5. 5:45 ______________________
6. 11:00 ______________________
7. 1:05 ______________________
8. 4:15 ______________________
9. 9:00 ______________________
10. 6:20 ______________________
11. 7:50 ______________________
12. 7:00 ______________________
13. 8:25 ______________________
14. 10:30 ______________________
15. 12:35 ______________________
16. 2:00 ______________________
17. 3:00 ______________________
18. 2:10 ______________________

NOMBRE________________________________ FECHA________________

Actividad B: Question/Answer Time Expressions. Answer each of the following sentences according to the cue provided.

1. ¿A qué hora es el programa? (7:30)

____

2. ¿A qué hora vas a ir? (1:15)

____

3. ¿Qué hora es? (2:45)

____

4. ¿A qué hora es la fiesta? (8:00)

____

5. ¿Cuándo viene Pablo? (1:00)

____

6. ¿A qué hora es la película? (9:10)

____

7. ¿Qué hora es? (4:40)

____

8. ¿A qué hora es la clase de inglés? (10:04)

____

NOMBRE____ FECHA______________________

Actividad C: *Tener* Expressions. Complete each of the following sentences with the appropriate **tener** expression.

1. ¡Diez grados bajo cero! Nosotros __________________________.
2. El niño no tiene la tarea y todos los otros estudiantes tienen la tarea. El niño

   __________________________.
3. Estoy en Hawai, hace sol y una temperatura estupenda. Voy a nadar porque

   __________________________.
4. Son las dos de la mañana y nosotros __________________________ .
5. EEEEEEEKKKKKK ¿Qué es eso? EEEKKKK ¿Quién es? ¡Mamá, mamá . . . !

   __________________________.
6. Dos Coca-Colas, por favor. Nosotros __________________________.
7. —Una hamburguesa . . . no, dos hamburguesas, papas fritas y una Coca-Cola grande.

   —¿Papas grandes?

   —Sí, yo __________________________.

NOMBRE____ FECHA____________________

Actividad D: Stem-changing Verbs. Complete each of the following sentences by choosing the appropriate verb and writing its appropriate form in the present tense or one that ends in **-ando** or **-iendo**.

1. ¿Tú ____________________ ir al cine? (querer, encontrar)
2. Estoy ____________________ ahora. (empezar, poder)
3. Nosotros ____________________ al fútbol todos los días. (almorzar, jugar)
4. ¿Por qué no ____________________ tú un jugo? (pedir, volver)
5. ¿Qué ____________________ beber vosotros, cerveza o vino? (perder, querer)
6. ¿A qué hora ____________________ la película? (empezar, venir)
7. Ellos siempre ____________________ del trabajo a las 8:00. (entender, volver)
8. ¿Cuándo ____________________ tu amigo? (decir, venir)
9. ¿____________________ ir vosotros mañana? (poder, jugar)
10. ¿A qué hora ____________________ Uds.? (pensar, acostarse)
11. ¿Cuántas horas ____________________ tú por la noche? (comenzar, dormir)
12. Carmen y yo ____________________ tarde los fines de semana. (despertarse, probar)
13. Nosotros ____________________ a las dos. (decir, almorzar)
14. ¿____________________ (yo) el vestido gris? (probarse, poder)
15. Estamos ____________________ la comida ahora. (volver, servir)
16. ¿Cuánto ____________________ los libros? (costar, acostar)
17. Nosotros ____________________ para la fiesta. (pedir, vestirse)
18. El disco compacto ____________________ 1.800 pesetas. (costar, comenzar)
19. Yo ____________________ a las 6:30 de la mañana. (acostarse, despertarse)
20. Por lo general nosotros ____________________ a las once de la noche. (dormirse, despertarse)
21. ¿Qué ____________________ Ud., una Coca-Cola, una Pepsi, o un jugo? (cerrar, preferir)
22. Yo siempre ____________________ la verdad. (servir, decir)
23. Juan y Marta ____________________ muy temprano porque van a trabajar a las 6:00. (acostarse, acostar)
24. ¿Qué estás ____________________? (decir, venir)
25. Mis padres y yo ____________________ francés. (entender, pensar)
26. Nosotros siempre ____________________ una media hora cuando lavamos la ropa. (servir, perder)
27. ¿A qué hora ____________________ el concierto? (cerrar, comenzar)
28. ¡SSSHHH! Silencio. El niño está ____________________. (dormir, jugar)
29. Un momento. Estoy ____________________. (despertarse, vestirse)
30. ¿____________________ tus padres ir a México para las vacaciones? (encontrar, pensar)
31. ¿A qué hora se ____________________ la tienda? (cerrar, volver)
32. Mi padre siempre ____________________ la comida en mi casa. (servir, acostar)
32. Al niño le gusta leer esos libros. Lee ahora y está ____________________. (divertirse, volver)

NOMBRE______________________________ FECHA______________

Actividad E: Stem-changing Verbs. Complete each of the following sentences by changing them from yo to **nosotros** or from **nosotros** to yo.

1. Nosotros empezamos a estudiar a las ocho todos los días.

____

2. Me duermo en la clase de historia.

____

3. Nosotros nos despertamos temprano todos los días.

____

4. Nosotros nos divertimos mucho con Víctor y Ana.

____

5. Yo vuelvo a casa tarde todas las noches.

____

6. Yo siempre pido cerveza.

____

7. Nosotros jugamos al fútbol los sábados.

____

8. Yo pienso ir a Cancún para las vacaciones.

____

9. Nosotros queremos ir a un restaurante.

____

10. Prefiero dormir.

____

11. Duermo ocho horas todas las noches.

____

NOMBRE______________________________ FECHA______________

Actividad F: Colors. Associate each of the following things with one or more colors, then write your answer.

❖ las plantas - *verdes*

1. el autobús de una escuela ______________________
2. la bicicleta de Pee Wee Herman ______________________
3. el Océano Atlántico ______________________
4. un periódico ______________________
5. el café, la Pepsi ______________________
6. un dólar norteamericano ______________________
7. el bolígrafo de un profesor ______________________
8. el sol ______________________
9. las letras de una máquina de escribir ______________________
10. la lengua ______________________
11. los dientes ______________________
12. los ojos de Paul Newman ______________________
13. Minute Maid, Tang ______________________
14. Welch's ______________________

Actividad G: Clothes. Complete each sentence by writing the appropriate item of clothing or material.

1. Para nadar llevo ______________.
2. Cuando hace frío, llevo un ______________ de lana.
3. En el otoño llevo chaqueta, pero en el invierno llevo ______________.
4. ¿No tienes calor? Tu suéter es de ______________, ¿no?
5. Los Levi's son de ______________.
6. Esta blusa cuesta mucho dinero porque es de ______________ japonesa.
7. Me gustan tus botas. Son de ______________, ¿no?
8. No puedo llevar pantalones al trabajo, por eso llevo falda y blusa o ______________.
9. Los hombres no pueden comer en este restaurante si no llevan saco y ______________.
10. ¿Por qué siempre pierdo una ______________ cuando lavo la ropa? ¿Dónde puede estar?
11. Cuando hace sol me gusta llevar ______________.
12. Los hombres llevan camisas y las mujeres llevan ______________.
13. Cuando juego al tenis llevo pantalones cortos y una ______________ de algodón.
14. Prefiero los ______________ de tenis Nike o Adidas.
15. En el invierno no me gusta llevar zapatos, prefiero llevar ______________.
16. Me gusta la ______________ de Fruit of the Loom.

NOMBRE____ FECHA____________________

Actividad K: Cloze Paragraph. Complete the following paragraph by writing the appropriate words.

¿Cómo ______________ Uds.? Aquí todo bien. Los niños están ______________ al fútbol y después vienen a comer. Acabo ______________ comprar un vestido muy bonito ______________ Juana para nuestro aniversario. Es un vestido rosado con un poco de azul. Es de ______________ porque a Juana le ______________ la seda. Se ______________ que la seda es buena para viajar. Acabamos ______________ terminar las clases, entonces no tengo ______________ ir a la escuela a trabajar y ______________ pasar más tiempo con mis dos niños. Son muy grandes. ¿Sabes que se ______________ solos por la mañana? A veces se ______________ una camisa rosada con unos ______________ rojos, pero están aprendiendo. Ahora ______________ los niños. Voy a escribir más después de almorzar.

Actividad L: Cloze Conversation. Complete the following dialogue by writing the appropriate words.

—Quisiera ______________ algo ______________ mi novia para su cumpleaños.

—¿Una blusa, un ______________, una falda, ______________ pantalones?

—Creo que le ______________ una blusa.

—¿Qué ______________?

—No sé. No es grande y no es ______________ .

—Una talla media entonces. ¿______________ Ud. seda o algodón? La seda ______________ un poco más, ______________ es muy elegante.

—Seda, porque es ______________ su cumpleaños.

—¿De qué ______________?

—Blanca.

—Bueno, ______________ blusa es muy bonita y ______________ sólo 10.000 pesetas.

—Perfecto. ¡Ay! Tengo ______________. No tengo dinero.

—Se ______________ la tienda a las 8:30. No hay problema, son ______________ 5:30 y Ud. ______________ volver.

NOMBRE____ FECHA____________________

CAPÍTULO 6

Actividad A: Numbers. Write the number that fits logically in each series.

1. seiscientos, setecientos, ochocientos, ____________________________
2. cien, doscientos, trescientos, cuatrocientos, ____________________________
3. ciento diez, trescientos treinta, quinientos cincuenta, ____________________________
4. cuatro mil, tres mil, dos mil, ____________________________
5. cuatrocientos, quinientos, seiscientos, ____________________________
6. quinientos, seiscientos, setecientos, ____________________________
7. trescientos, cuatrocientos, quinientos, ____________________________
8. setecientos, ochocientos, novecientos, ____________________________
9. ____________________________ , doscientos, trescientos, cuatrocientos
10. novecientos, setecientos, quinientos, ____________________________
11. ciento uno, doscientos dos, trescientos tres, ____________________________
12. cuatro millones, tres millones, dos millones, ____________________________
13. cien, ____________________________ , trescientos, cuatrocientos

Actividad B: Prepositions of Location. Look at the following configuration of letters and decide whether the statements that follow are true or false. Write **cierto** or **falso.**

```
F
A B                C D E
                   G
```

1. La "B" está a la izquierda de la "A". ________________
2. La "D" está cerca de la "C". ________________
3. La "F" está encima de la "A". ________________
4. La "C" está a la izquierda de la "D". ________________
5. La "G" está encima de la "C". ________________
6. La "B" está cerca de la "E". ________________
7. La "D" está al lado de la "A". ________________
8. La "A" está debajo de la "F". ________________
9. La "E" está a la derecha de la "D". ________________
10. La "C" está encima de la "G". ________________
11. La "A" está lejos de la "F". ________________

NOMBRE____ FECHA______________________

Actividad C: Preterit. Complete each conversation by writing the appropriate preterit forms of the indicated verb.

1. Escribir

   Sr. García: Los estudiantes ____________________ la composición, ¿no?

   Srta. Guzmán: Sí, y Ud. ____________________ el examen, ¿verdad?

   Sr. García: Sí, ____________________ el examen y también las instrucciones para la composición.

2. Jugar

   Marisol: Pablo y Carmen ____________________ al béisbol ayer.

   Manolo: Ah, sí. Yo ____________________ al tenis, ¿y tú y tu novio?

   Marisol: No ____________________, estudiamos.

3. Ir

   Carlos: ¿Adónde ____________________ Uds. ayer?

   Fernando: ____________________ a la playa, ¿y tú?

   Carlos: Yo ____________________ a la piscina.

4. Beber

   Madre: ¿Quién ____________________ la Coca-Cola?

   Hijo: Yo no ____________________ nada, mamá. Roberto ____________________ Coca-Cola y Pepsi.

   Madre: ¡¡Roberto!!

5. Pagar

   Jorge: ¿Cuánto ____________________ en el restaurante?

   Jaime: ____________________ 1.500 pesetas.

6. Cantar

   Verónica: ¿____________________ tú anoche en el club?

   Silvia: No, pero Marcos y Victoria ____________________.

   Verónica: Marcos ____________________ la semana pasada, también.

7. Empezar

   Padre: Miguel, ¿____________________ a hacer la tarea?

   Miguel: Sí, ____________________, pero tengo problemas.

8. Hablar

   Sr. Muñoz: ¿____________________ Ud. con el Sr. Martínez?

   Sra. Vegas: Sí, ____________________ con él ayer.

9. Dar

   Pablo: ¿Uds. me ____________________ mis discos?

   Guillermo: Sí, te ____________________ tus discos anoche.

NOMBRE______________________________ FECHA______________

Actividad D: Change from Present to Preterit. Change the following sentences from the present to the preterit.

1. Normalmente, hablo con Juan.

   Ayer ____.

2. Normalmente, corren cinco kilómetros.

   Ayer ____.

3. Empiezo a estudiar a las siete.

   Anoche ____.

4. El profesor nos da un exámen.

   Ayer ____.

5. Miro la televisión por dos horas.

   Anoche ____.

6. Mis padres beben café.

   Anoche ____.

7. Nosotros estudiamos mucho.

   Ayer ____.

8. Ellos cierran la tienda a las ocho.

   Ayer ____.

9. Tú juegas al fútbol.

   Ayer ____.

10. Vamos al cine.

    Anoche ____.

11. Todos los días busco el periódico.

    Ayer ____.

12. Él no hace la tarea.

    Anoche ____.

13. Me lavo el pelo.

    Ayer ____.

NOMBRE____ FECHA______________________

Actividad E: Prepositional Pronouns. Complete each sentence with a logical word.

1. —¿Tienes un regalo para mí?

   —Sí, es para ______________.

2. —¿Quieres ir conmigo o con Ramón?

   —No me gusta Ramón. Prefiero ir ______________.

3. —¿Es para Gonzalo el dinero?

   —Sí, es para ______________.

4. —¿Este libro es para ______________?

   —No, no es para ti, es para Marta.

5. —¿Vas a ir con Ana?

   —Sí, voy a ir con ______________.

6. —Eres muy especial. No puedo vivir sin ______________.

   —¡AHHHHHHH!

Actividad F: Prepositions. Complete the following sentences with an appropriate preposition or leave blank empty if none is needed.

1. No puedo ____________ estudiar más.
2. Después ____________ la película, vamos a comer.
3. ¿Debemos ____________ ir mañana?
4. Antes ____________ ir a Cancún, tenemos que ir al banco.
5. Paula asiste ____________ la Universidad de Santa Bárbara.
6. Necesitamos ____________ trabajar más.
7. Carla se casa ____________ Humberto, ¿no?
8. Cuando entro ____________ su oficina, siempre estoy nervioso.
9. Quiero salir ____________ este trabajo. No me gusta, pero necesito dinero.
10. Vamos ____________ salir mañana por la mañana.
11. Quiero ____________ comer, tengo hambre.

NOMBRE________________________ FECHA____________

Actividad G: Means of Transportation. Associate each of the following words or groups of words with a means of transportation, then write your answer, including the appropriate definite article.

❖ MBTA, BART, The Loop – ***el metro***

1. Greyhound ____________
2. Danny DeVito, Tony Danza, Judd Hirsch ____________
3. Titanic, Queen Elizabeth II ____________
4. Allied ____________
5. Amtrak ____________
6. Harley, 700 cc, Spree, Easy Rider ____________
7. Iberia, TWA, Aeroméxico ____________
8. Fiat, Ford, Mercedes ____________
9. Pinarello, Schwinn, Trek, Fuji, Huffy, Peugeot ____________

Actividad H: Family and Modes of Transportation. Complete each of the following statements with a family- or a transportation-related word.

1. Cuando viajo de Santo Domingo a San Juan prefiero ir en ____________ porque no me gusta ir en barco.
2. Los hijos de mis tíos son mis ____________.
3. El esposo de mi hermana es mi ____________.
4. Normalmente el niño toma el autobús para ir a la escuela, pero ayer fue en ____________ porque hizo buen tiempo.
5. Los hermanos de mi madre son mis ____________.
6. Los hijos de los hijos son los ____________ de los abuelos.
7. En Madrid el transporte público es muy bueno: hay autobuses, taxis y ____________.
8. La hija de mi madre es mi ____________.
9. Los padres de mi padre son mis ____________.
10. Mi padre tiene un Ford Tauro, pero yo no tengo ____________.

NOMBRE ______________________ FECHA ______________

Actividad I: Indirect-Object Pronouns. Complete each of the following statements with the appropriate indirect-object pronoun.

1. __________ di un regalo a Juan.
2. —¿__________ diste el dinero?
   —Claro que te di el dinero.
3. ¿__________ explicaste todo a tus profesores?
4. Ayer __________ regalé un suéter a mi hermana para su cumpleaños.
5. __________ va a devolver los exámenes a nosotros hoy, ¿no?
6. A mí __________ gusta tu primo. Es muy guapo.
7. —¿Cuándo me vas a dar el libro?
   —Mañana __________ voy a dar el libro.
8. ¿__________ preguntaste al profesor?
9. —¿Me vas a escribir?
   —Por supuesto que __________ voy a escribir.
10. ¿__________ mandaron la carta a Ud.?

Actividad J: Position of Indirect-Object Pronouns. Change the position of the indirect-object pronoun whenever possible in the following sentences.

1. Le escribí una carta. ______________________
2. Le voy a escribir mañana. ______________________
3. ¿Me mandaste la camisa? ______________________
4. Les vas a dar el dinero, ¿no? ______________________
5. Siempre me dice la verdad. ______________________
6. ¿Me estás ofreciendo un trabajo? ______________________
7. ¿Qué me estás preguntando? ______________________
8. Él siempre le pregunta cosas tontas al profesor. ______________________
9. ¿Nos estás hablando? ______________________

Actividad K: Question/Answer with Indirect-Object Pronouns. Answer the following questions in the affirmative.

1. ¿Me vas a escribir? ______________________
2. ¿Les mandaste los libros a tus hermanos? ______________________
3. ¿Le ofreció Ud. el trabajo a la Sra. Sánchez? ______________________
4. ¿Me contaste todo? ______________________
5. ¿Les van a explicar el plan a Uds.? ______________________
6. ¿Te di las revistas? ______________________
7. ¿Les mandó los papeles a Uds. el Sr. Ochoa? ______________________

NOMBRE________________________________ FECHA________________

Actividad L: Affirmatives/Negatives. Answer the following questions negatively.

1. ¿Me compraste algo?

____

2. ¿Te dijo algo el Sr. Ferrer?

____

3. ¿Tienes todo para la fiesta?

____

4. ¿Qué vas a hacer para las vacaciones?

____

5. ¿Qué tienes en la mano?

____

6. ¿Tienes dinero?

____

7. ¿Te dio algo tu madre para tu cumpleaños?

____

8. ¿Recibieron Uds. algo?

____

9. ¿Viene alguien de tu oficina a la fiesta?

____

10. ¿Quién sabe?

____

11. ¿Siempre estudia tu hermano?

____

12. ¿Estudias mucho?

____

13. ¿Quién llamó?

____

14. ¿Trabaja tu padre?

____

15. ¿Ves a alguien?

____

16. ¿Entendiste todo?

____

NOMBRE_____________________________ FECHA_______________

Actividad M: Miniconversations. Read each of the following conversations and write the letter of the logical response.

1. —¿Quieres ir al cine conmigo?
   —Fui al cine anoche.

   —_______________

   a. Bueno, pues ayer.
   b. O.K., pero, ¿qué tal una película?
   c. ¿Entonces a bailar?

2. —¿Tienes dinero para pagar?
   —¿Puedo pagar con la tarjeta de crédito Visa?
   —No, sólo con dinero.

   —_______________

   a. ¡Ay! No tengo nada.
   b. Nadie tiene nada.
   c. Nunca pago.

3. —Le expliqué por qué no puede ir.
   —¿Le explicaste todo?

   —_______________

   a. Le di una idea.
   b. Te expliqué todo.
   c. Me explicó parte.

4. —Me regalaste un suéter el año pasado, ¿no?
   —Te regalé una camisa.
   —No, fue un suéter.

   —_______________

   a. Sí, le regaló un suéter.
   b. Te digo que fue una camisa.
   c. ¡Ay! Sí, te regalé una camisa.

5. —Corrimos diez kilómetros el sábado.
   —¿Están Uds. locos?
   —Es bueno correr, debes hacer ejercicio.

   —_______________

   a. Ellos no necesitan hacer ejercicio.
   b. Nadie corre nunca.
   c. Hago ejercicio: corro del sofá al televisor para cambiar el canal.

6. —Mamá, no encuentro nada.
   —¿Buscaste debajo de la cama?
   —Sí, y debajo del escritorio, también.

   —_______________

   a. Siempre pierdes cosas.
   b. Nunca sabes dónde estás.
   c. ¿Sabes dónde está?

NOMBRE______________________________ FECHA______________

Actividad N: Cloze Paragraph. Fill in the blanks in the following paragraph by choosing a word from the list below and writing its appropriate form.

Word List: **beber, comer, hacer, ir, nadar, nunca, pasar, playa, político, sentarse**

Ayer nosotros ______________ a la ______________. Los niños ______________ toda la tarde, ______________ salieron del agua. Mi suegra ______________ cinco sándwiches y ______________ tres Coca-Colas. Ella y mi hermano ______________ la tarde hablando del futuro ______________ del país. Yo ______________ y después ______________ para tomar sol en la playa. Cada persona ______________ algo diferente.

Actividad O: Cloze Monologue. A student went out the night before an exam. Complete his monologue by writing the appropriate words.

Hoy tengo ______________ estudiar porque anoche no ______________ nada. Fui a la casa ______________ mi novia y nosotros ______________ la televisión. ______________ di un regalo y le gustó mucho. Después fuimos a una discoteca para ______________ y escuchar música. A mí no ______________ gusta bailar, por eso, mi novia ______________ con Ricardo y yo ______________ con la novia de él. María, la ______________ de Ricardo, es muy interesante y ______________ gustan las computadoras. Ella ______________ en mi clase de cálculo. Yo ______________ a casa muy tarde. Me ______________ los dientes y ______________ acosté. Hoy tengo un examen y tengo ______________ estudiar toda la mañana.

CAPÍTULO 7

Actividad A: Hotel and Telephone. Read the following descriptions and write the appropriate word or expression for each.

1. una habitación para una persona en un hotel ________________
2. una llamada de un país a otro ________________
3. una habitación para dos personas en un hotel ________________
4. la persona que limpia la habitación ________________
5. una llamada de larga distancia cuando pagan ellos y no tú ________________
6. la persona que lleva las maletas a la habitación ________________
7. la persona que trabaja en la recepción de un hotel ________________
8. una habitación, desayuno y una comida en un hotel ________________
9. una habitación y todas las comidas en un hotel ________________
10. una llamada de larga distancia cuando quieres hablar con una persona específica

    ____

NOMBRE________________________________ FECHA____________________

Actividad B: Verbs in the Preterit. Complete each of the following sentences by choosing the logical verb and writing its appropriate preterit form.

1. Al final, nosotros ________________ hablar con el director. (tener, poder)
2. ¿Dónde ________________ Alberto el dinero? (poner, decir)
3. Perdón, yo no ________________ tiempo para terminar. (poder, tener)
4. Anoche, Ramón ________________ una carta que recibió de su novia. (querer, leer)
5. Anoche un hombre de abrigo negro me ________________ a la casa. (querer, seguir)
6. Ellos no ________________ a clase ayer. (venir, saber)
7. ¿________________ terminar tu composición anoche? (poner, poder)
8. ¿________________ Uds. que trabajar anoche? (tener, querer)
9. Tú le ________________ la verdad, ¿no? (saber, decir)
10. Vosotros ________________ en el concierto el viernes, ¿no? (estar, tener)
11. Él no ________________ hacerlo. (decir, poder)
12. ¿________________ Uds. la maleta en el carro? (querer, poner)
13. Carlos ________________ terminar la novela anoche, pero tuvo que trabajar. (querer, tener)
14. Nosotros ________________ que ir a la biblioteca anoche. (tener, poner)
15. ¿Por qué no ________________ tú ayer? (decir, venir)
16. Ayer mis profesores ________________ la verdad. (venir, saber)
17. ¿Quién ________________ las papas fritas? (leer, traer)
18. Juan no ________________ el teléfono. (creer, oír)
19. El viernes pasado los estudiantes ________________ un párrafo del inglés al español. (traducir, leer)
20. Carmen me ________________ que no puede venir mañana. (saber, decir)
21. Ayer el niño ________________ que su padre vive en Caracas. (poder, saber)
22. Mi madre ________________ enferma el sábado pasado. (tener, estar)
23. Yo no ________________ las palabras porque ayer no pude comprar el diccionario. (estar, traducir)
24. No sé dónde ________________ mi pasaje. (poner, leer)
25. Ayer los niños no ________________ ir al médico. (venir, querer)
26. Yo no ________________ nada. (venir, decir)
27. ¿Dónde ________________ Ramón y Tomás ayer? (estar, querer)
28. Ellos ________________ los discos, ¿no? (traer, mentir)
29. Anoche yo ________________ a las 11:30. (dormirse, dormir)
30. Los estudiantes no ________________ la novela, y por eso salieron mal en el examen. (poder, leer)
31. ¿________________ tú la explosión anoche? (leer, oír)
32. Ayer nosotros ________________ a las ocho. (venir, tener)
33. John Kennedy ________________ en 1963. (morir, pedir)
34. Mi hermano no dijo la verdad, él ________________. (creer, mentir)
35. ¿Cuántas horas ________________ Uds. anoche? (dormir, preferir)

36. ¿Cuándo ______________ Uds. que el examen va a ser mañana? (traer, saber)

37. Las chicas ______________ que sí. (decir, poder)

38. ¿Quién ______________ el té? (pedir, repetir)

39. ¿______________ tú el capítulo del libro de historia para la clase de hoy? (leer, venir)

40. ¿Quiénes ______________ en clase el jueves? (poner, estar)

Actividad C: Affirmative and Negative Words. Complete each sentence by writing the appropriate affirmative or negative word (**algún, alguno, alguna, algunos, algunas, ningún, ninguno, ninguna**).

1. ¿Hay ________________ restaurante cerca del hotel?
2. No hay ________________ persona interesante en esta fiesta.
3. No, no tengo ________________ cassette de Julio Iglesias porque no me gusta su música.
4. —¿Hablaste con los médicos?

   —Sí, hablé con ________________ , pero no con todos.
5. —¿Contestaste todas las preguntas?

   —No todas, pero contesté ________________.
6. No hay ________________ habitación en el hotel.
7. ¿Conoces a ________________ persona de Bolivia?

NOMBRE________________________ FECHA____________

Actividad D: Trip Vocabulary. Read the following descriptions and write the appropriate word or expression for each.

1. un vuelo que no es directo ____________
2. cuando viajas de un país a otro tienes que pasar por este lugar en los aeropuertos internacionales ____________
3. cuando vas de viaje pones la ropa aquí ____________
4. un vuelo que no hace escalas ____________
5. si no fumas prefieres esta parte del avión ____________
6. para volar necesitas comprar esto ____________
7. un pasaje Caracas – Buenos Aires – Caracas ____________
8. en los aeropuertos anuncian salidas y esto ____________
9. en los aeropuertos anuncian llegadas y esto ____________
10. si no hay retraso, el vuelo llega ____________
11. si un vuelo no llega a tiempo, hay ____________
12. el lugar donde tienes que ir para subir al avión ____________
13. donde te sientas en el avión ____________

NOMBRE________________________ FECHA________________

Actividad E: Direct-Object Pronouns. Rewrite each of the following sentences using direct-object pronouns.

1. Juan va a comprar champú. ________________
2. ¿Ves a Margarita? ________________
3. Tengo las cintas. ________________
4. Puse la pasta de dientes en la maleta. ________________
5. Mis padres quieren a mi novio. ________________
6. Adoro a mi profesora de matemáticas, es muy buena. ________________
7. ¿Ayudas mucho a tu hermano con su tarea? ________________
8. ¿Por qué no esperan Uds. a Victoria? ________________
9. Estoy esperando a Gonzalo. ________________
10. ¿Escuchaste los discos? ________________

Actividad F: Question/Answer. Answer each of the following sentences in the affirmative using direct-object pronouns, if possible.

1. ¿Mandaste los papeles? ________________
2. ¿Me quieres? ________________
3. ¿Me entendiste? ________________
4. ¿Escribió Juan los informes? ________________
5. ¿Trajo el vino Paula? ________________
6. ¿Llevaron Uds. los discos? ________________
7. ¿Me estás escuchando? ________________
8. ¿Lavaron Uds. el carro? ________________
9. ¿Mandó el dinero Miguel? ________________
10. ¿Están escuchando la televisión Uds. ahora? ________________
11. ¿Leyó la Sra. Beltrán tu composición? ________________
12. ¿Vas a mandar las cartas? ________________

NOMBRE______________________________ FECHA_______________

Actividad G: *Hace* + Time Expression + *que*. Complete each of the following sentences by writing the appropriate verb form.

1. Hace cinco años que ____________ en Quito, y me gusta mucho. (vivo, viví)
2. Hace dos años que ella ____________. (se muere, se murió)
3. Hace dos días que ____________ a Carlos. (veo, vi)
4. Hace tres años que ____________ vegetariana; pienso que es bueno comer verduras. (soy, fui)
5. Hace dos meses que ____________ mis estudios universitarios. (termino, terminé)
6. Hace media hora que ____________ tus amigos. (llegan, llegaron)
7. Hace dos años que ____________ a fumar. (empiezo, empecé)
8. Hace seis años que ____________. Sé que no es bueno, pero lo hago. (fumo, fumé)
9. Hace dos meses que ____________ español y sé decir muchas cosas. Cada día aprendo más. (estudio, estudié)
10. ¿Cuánto tiempo hace que ____________ esperando? (estás, estuviste)

NOMBRE____ FECHA____________________

Actividad H: Miniconversations. Read each of the following conversations and choose the letter of the logical response.

1. —¿A qué puerta llega el vuelo de Caracas?
—A la puerta número seis.
—¿Sabe Ud. si hay retraso?

—__________________

a. No, llega a tiempo.
b. Sale a tiempo.
c. No, llega con retraso.

2. —Sí, dígame.
—¿Está Víctor?
—¿De parte de quién?

—__________________

a. Hablo yo.
b. Habla Juan Carlos.
c. Para hablar con Víctor, Víctor Huidobro.

3. —¿Aló?
—Quisiera hablar con Tomás, por favor.
—¿Tomás?
—Sí, Tomás Vicens.

—__________________

a. Él es Tomás Vicens.
b. No, no soy Tomás Vicens.
c. ¿De parte de quién?

4. —¿Tiene Ud. una habitación?
—Sí, ¿para cuántas personas?
—Una.

—__________________

a. Bien. Una habitación triple.
b. Bien. Una habitación sencilla.
c. Bien. Una habitación doble.

5. —Necesito un bolígrafo.
—¿De qué color?
—Verde.

—__________________

a. Hay algunas.
b. Lo siento, no hay ninguno.
c. Perdón, hay alguno.

6. —¿Qué tal la fiesta?
—Fue muy interesante.
—¿Vinieron personas de la oficina?

—__________________

a. Sí, algunos estuvieron.
b. Sí, vinimos.
c. No, vinieron algunos.

7. —¿Tienes mis discos?
—¿Yo?
—Sí, tú los escuchaste, ¿no?

—__________________

a. No, no escucharon nada.
b. No, no tengo ninguno.
c. No, no tengo ninguna.

8. —Por favor, ¿a qué puerta llega el vuelo de Málaga?
—A la puerta número cuatro.
—¿Llega a tiempo?

—__________________

a. Es a las tres y media.
b. Son las tres y media.
c. Hay media hora de retraso.

9. —¿A qué puerta llega el vuelo de Bogotá?
—A la puerta número cinco.
—¿Hay retraso?

—__________________

a. No, llegó hace cinco minutos.
b. No, hay retraso.
c. No, son las cuatro y cuarto.

10. — ¿Fuiste al aeropuerto?
— Sí, fui esta mañana.
— ¿Viste a Jorge y a Olga?

—__________________

a. No, no las vi.
b. No, los vi.
c. No, no los vi.

NOMBRE____ FECHA____________________

Actividad I: Cloze Paragraphs. Complete the following paragraphs by writing the appropriate words.

1. Ayer ________________ a la oficina para trabajar. En el autobús vi ________________ mi amigo Hernando, entonces ________________ a una cafetería para tomar un ________________. Hablamos por media ________________ y, por eso, ________________ un poco tarde al trabajo. ________________ un día normal de trabajo: ________________ tres cartas, hablé con ________________ personas de producción y tuve ________________ reunión con un cliente. Después de terminar, ________________ de la oficina para ir al cine con un amigo. La película ________________ muy divertida. Luego comimos ________________ en un bar alemán que también ________________ comida china. Yo perdí el último ________________ y tuve ________________ tomar un taxi. Me ________________ a las dos y media y, por eso, hoy ________________ muy cansada.

2. El viaje fue increíble y nosotros ________________ bastantes problemas. Darío y ________________ salimos el tres ________________ abril. Primero Darío ________________ los pasajes en casa y tuvimos que volver a buscarlos. Llegamos a la puerta de salida muy tarde y ________________ los últimos pasajeros en subir al avión. Llegamos a nuestro hotel y todo bien. Un día Darío ________________ una guayabera muy cara y ________________ dejó en una cafetería. Cuando ________________ dio cuenta, volvió a la ________________ y ________________ buscó, pero no la encontró por ________________ parte. Al salir del ________________ pusimos los ________________ en el bolso de mano, pero cuando llegamos al aeropuerto no ________________ encontrar los pasaportes. Otra vez tuvimos ________________ volver del aeropuerto al hotel para buscarlos. ________________ encontramos en la habitación, pero esta vez ________________ el avión. Salimos al día siguiente. Fueron unas vacaciones ________________ interesantes.

NOMBRE____ FECHA____________________

Actividad J: Cloze Paragraph. Complete the following telephone message by writing the appropriate words.

MENSAJE TELEFÓNICO
Para: José Carlos Peña Porta
De parte de: Marta Viñolas
Teléfono: No hay (está de viaje)
Fecha: el 26 de febrero
Hora: 17:30

Asunto: La Srta. ________________ llamó. Ella tiene problemas con su pasaje de ida y ________________. Tuvo problemas con el trabajo en Quito y tiene ________________ estar dos días más. ________________ a una agencia de ________________ en Quito y le ________________ que no puede cambiar su ________________ de vuelta sin perder ________________. Ella quiere ________________, pero no quiere pagar ________________ dinero. Ella ________________ la información que Ud. le dio y piensa que ________________ debe pagar nada. Ella ________________ a llamar mañana a las 10:00.

Actividad K: Cloze Conversation. Complete the following telephone conversation by writing the appropriate words.

—Viaje Mundo. Buenos ________________.

—¿Acepta Ud. una llamada de ________________ distancia de Ponce, de José Luis Guzmán?

—Sí, acepto la ________________.

—Buenos días. ________________ hablar con ________________ Sra. de Llosa.

—No está en la oficina en ________________ momento.

—¿Puedo ________________ un mensaje?

—Sí, ________________ supuesto.

—Puede decirle que ________________ llamé y que tuve un problema en la aduana. Los agentes no ________________ dejarme entrar con ________________ computadora, entonces no pude hacer ________________ y tuve que dejarla en la ________________.

NOMBRE____ FECHA____________________

Actividad L: Cloze Paragraph. Complete the following itinerary by writing the appropriate words.

Su pasaje de __________________ y vuelta __________________ confirmado. Puede llevar dos __________________ y un bolso de mano. No __________________ límite de peso.

IDA

Aeroméxico Vuelo 547 __________________ México __________________ Chicago

Asiento 15D en la sección de no __________________

__________________ de México: 16:14 30/VI/93

__________________ y aduana en Dallas

Llegada __________________ Chicago: 22:30 30/VI/93

VUELTA

Aeroméxico Vuelo 546 de Chicago a México

__________________ 12E en __________________ sección de no fumar

Salida __________________ Chicago: 9:46 10/VII/93

Escala __________________ Dallas

__________________ a México y __________________: 16:10 10/VII/93

NOMBRE______________________________ FECHA______________

CAPÍTULO 8

Actividad A: Ordinal Numbers. Write the ordinal number that completes each series.

1. séptimo, ____________________, noveno
2. cuarto, ____________________, sexto
3. primero, ____________________, tercero
4. octavo, ____________________, décimo
5. quinto, ____________________, séptimo
6. ____________________, segundo, tercero
7. sexto, ____________________, octavo
8. primero, segundo, ____________________
9. octavo, noveno, ____________________
10. tercero, ____________________, quinto

Actividad B: Rooms of a House. Write the name of the room that you would associate with each of the following things or actions.

1. ducharse ____________________
2. comer ____________________
3. el sofá ____________________
4. vestirse ____________________
5. hacer una tortilla ____________________
6. afeitarse ____________________
7. una visita formal ____________________
8. dormir ____________________
9. una mesa y seis sillas ____________________
10. las plantas, el sol, el aire fresco ____________________
11. el carro ____________________
12. preparar comida ____________________
13. mirar la televisión ____________________
14. la cama ____________________

NOMBRE____ FECHA____________________

Actividad C: Furniture and Appliances. Write the word that doesn't belong in each of the following groups.

1. silla, sofá, sillón, horno ____________________
2. cama, sofá, cómoda, armario ____________________
3. estante, nevera, alfombra, sillón ____________________
4. lavabo, nevera, horno, congelador ____________________
5. cocina eléctrica, horno, espejo, tostadora ____________________
6. lavabo, fregadero, ducha, congelador ____________________
7. aspiradora, lavaplatos, lavadora, alfombra ____________________
8. bañera, fregadero, lavabo, ducha ____________________
9. estufa, silla, espejo, cómoda ____________________

NOMBRE____ FECHA____________________

Actividad D: Subjunctive in Adjective Clauses. Complete each of the following sentences by writing the appropriate form of the indicated verb in the subjunctive or indicative mood.

1. No veo a nadie que ________________ ser el Sr. Tamayo. (poder)
2. Buscamos un apartamento que ________________ un balcón grande. (tener)
3. No conozco a nadie que ________________ la respuesta a la quinta pregunta del examen. (saber)
4. Busco un apartamento que ________________ barato. (ser)
5. Conozco a un abogado que ________________ mucho. (saber)
6. Busco un apartamento que ________________ amueblado. (estar)
7. No hay ningún apartamento que me ________________. (gustar)
8. No hay nadie en mi familia que ________________ rico. (ser)
9. En la tienda tienen un libro que mi padre ________________ comprar. (querer)
10. No conozco a nadie que ________________ tiempo para ayudarme. (tener)
11. Tenemos un abogado que no ________________ muy responsable. (ser)
12. No hay ningún viaje que ________________ interesante. (ser)
13. Queremos comprar una casa que ________________ moderna. (ser)

Actividad G: Question/Answer. Answer each question affirmatively.

1. ¿Quieres que yo vaya?

____

2. ¿Le aconsejas a Juan que escriba una carta?

____

3. ¿Tus padres te prohiben que fumes?

____

4. ¿Nos aconseja Ud. que salgamos de aquí?

____

5. ¿Tus padres quieren que Uds. asistan a la universidad?

____

6. ¿Me aconsejas que use el Manual de laboratorio?

____

7. ¿Esperas que vuelva Ana pronto?

____

8. ¿Quieres que te mandemos cartas?

____

9. ¿Quieres que terminen estas preguntas?

____

NOMBRE____ FECHA____________________

Actividad H: Miniconversations. Read each of the following conversations and choose the letter of the logical response.

1. —No sé qué debo hacer.
   —¿Quieres mi opinión?
   —Claro.

   —__________________

   a. Quiero que hables con él.
   b. Le aconsejo que hable con él.
   c. Nos dice la verdad.

2. —Vivir Feliz. Dígame.
   —Buenos días. Estoy buscando un apartamento.
   —¿Qué tipo de apartamento busca Ud.?

   —__________________

   a. Tengo un apartamento grande y en el centro.
   b. Necesito un apartamento que tenga tres dormitorios.
   c. Una con garaje.

3. —¿Dónde estuviste?
   —En la biblioteca.
   —Pero, la biblioteca cerró a las 6:00 y son las 11:00.
   —Eh . . . Eh . . . Después . . . Después fui a casa de un amigo para estudiar.

   —__________________

   a. Siempre dices la verdad.
   b. Quiero que me digas la verdad, en esta casa no se miente.
   c. Es importante que vayas a la biblioteca.

4. —Compré una nevera nueva.
   —¿Cómo es?

   —__________________

   a. Cocina muy bien.
   b. Es muy bonita en la sala.
   c. Es grande, blanca y tiene congelador.

5. —Tengo una profesora horrible.
   —¿Por qué?
   —Porque no dice nada cuando habla. ¿Qué puedo hacer?

   —__________________

   a. Es mejor hablar mucho.
   b. No dices nada cuando hablas, entonces no vas a tener problema.
   c. Te aconsejo que cambies de clase y que hables con el jefe de departamento.

6. —Terminé con mi parte del trabajo.
   —¡Fantástico!
   —Y tú, ¿tienes la otra parte?

   —__________________

   a. Todavía no.
   b. No, lo terminé ayer.
   c. Sí, voy a terminar el viernes.

7. —Necesito ayuda.
   —¿Pero no terminaste esa carta a tu jefe?

   —__________________

   a. Sí, ya la terminé, pero ahora estoy escribiendo un artículo para el periódico.
   b. Sí, voy a escribirla mañana.
   c. Todavía no. La terminé ayer.

NOMBRE____ FECHA____________________

Actividad I: Cloze Paragraph. Complete the following ad by writing the appropriate words.

Estudiante de filosofía ________________ un dormitorio en un apartamento que ________________ un balcón con mucho ________________ para poner plantas. ________________ gusta la música moderna pero también escucho ________________ clásica. Busco compañeros serios pero simpáticos. Es importante que no ________________ ruido porque estudio mucho. Llamar ________________ Carmen: 446-83-90.

Actividad J: Cloze Paragraph. Complete the following response to a letter by writing the appropriate words.

Ud. tiene un problema en el trabajo. Es mejor que Ud. ________________ con su jefe. Ud. no puede trabajar ________________ la secretaria que tiene. Sé que ________________ la hija de su jefe, pero ella no hace ________________ bien. Le ________________ que escriba una lista de las cosas que Ud. ________________ pidió hacer y otra ________________ de lo que hizo ella. Es importante que su ________________ vea ejemplos del trabajo ________________ su hija. Si ella ________________ una carta con muchos errores o si no ________________ da a Ud. un mensaje importante, es mejor que su jefe lo ________________. Ud. tiene que darse ________________ de que su jefe ________________ que su hija aprenda a ________________ una buena empleada también.

NOMBRE________________________ FECHA____________

CAPÍTULO 9

Actividad A: Hobbies. Write the hobby that you would associate with the following clues.

1. palabras, diccionarios, periódicos ____________
2. Donkey Kong, Pac Man, Nintendo ____________
3. el póker, canasta, 21 ____________
4. receta, huevos, jamón ____________
5. carros, mecánica ____________
6. tener muchas cosas, dinero, historia ____________
7. hacer ropa, Singer ____________
8. flores, plantas ____________
9. poemas, máquina de escribir, mantener contacto con amigos ____________
10. Jigsaw, el cubo de Rubic ____________
11. Goya, Picasso, Dalí, Miró ____________
12. hacer suéteres, lana ____________
13. blanco y negro, hombres, Fisher, los rusos ____________

Actividad B: Kitchen Items. Associate each of the following descriptions with the appropriate utensil and write your answer. Include the indefinite article.

1. para revolver algo necesitas esto ____________
2. para cortar algo necesitas esto ____________
3. para hacer una hamburguesa necesitas cocinarla aquí ____________
4. sirves el café en esto ____________
5. pones la leche en esto para beberla ____________
6. para comer una ensalada necesitas esto ____________
7. para limpiarte la boca necesitas una de éstas ____________
8. sirves la comida en uno de éstos ____________
9. para preparar un huevo hervido, lo pones en esto ____________

NOMBRE____ FECHA____________________

Actividad E: Adverbs Ending in *-mente.* Complete each of the following sentences by writing the appropriate adverb.

1. Juan siempre maneja ____________________. (rápido)
2. Comemos en este restaurante ____________________. (frecuente)
3. Juana puede ganar ____________________. (fácil)
4. ____________________ ellos no tienen problemas con su jefe. (general)
5. Necesito estas cartas ____________________. (inmediato)
6. Él habla ____________________. (constante)
7. Toca la guitarra ____________________. (divino)
8. No, quiero tres ____________________. (sólo)
9. El niño siempre duerme ____________________. (tranquilo)

NOMBRE____ FECHA____________________

Actividad F: Expressing Emotion. Complete each of the following sentences by writing the appropriate subjunctive, indicative, or infinitive form of the indicated verb.

1. Tengo miedo de que mi novio ________________. (mentir)
2. ¡Qué lástima que el niño ________________ enfermo! (estar)
3. Siento no ________________ venir mañana. (poder)
4. Es una pena que no te ________________ Ramón. (escribir)
5. Sé que estás diciendo la verdad, es una pena que ellos no te ________________. (creer)
6. Me alegro de que tú ________________ venir. (querer)
7. Es fantástico ________________ en Colorado. (esquiar)
8. Nos sorprendemos de que ellos no ________________ aquí. (estar)
9. Sentimos que Juan no ________________ a jugar mañana. (ir)
10. ¡Qué pena que el carro no ________________! (funcionar)
11. Me alegro de que te ________________ la comida. (gustar)

NOMBRE____ FECHA____________________

Actividad G: ***Por/para, tuvo/tenía, fue/era.*** Complete each of the following sentences by writing the appropriate word.

1. Caminaron ________________ la ciudad. (por, para)
2. Cuando me levanté ________________ las ocho. (fueron, eran)
3. Fui a Europa por primera vez cuando ________________ siete años. (tuve/tenía)
4. ¿Cuánto pagó Jorge ________________ el juego de vídeo? (por, para)
5. Ayer ________________ problemas en el examen de cálculo. (tuve, tenía)
6. ________________ la una y diez cuando el avión salió. (fue, era)
7. Juan tiene un examen mañana, entonces voy a trabajar ________________ él. (por/para)
8. Le di mis dos discos ________________ tres cintas. (por, para)
9. ________________ Jaime, las matemáticas son fáciles. (por, para)
10. Mi familia vino a vivir a Cuzco cuando yo ________________ diez años. (tuve/tenía)
11. ________________ las once cuando Pablo me llamó anoche. (fueron, eran)
12. ________________ mí, esto es fácil. (por, para)
13. ¿Debo mandar esto ________________ avión? (por, para)

NOMBRE________________________ FECHA________________

Actividad H: Miniconversations. Read each of the following conversations and choose the letter of the correct response.

1. —Siempre coleccionan estampillas.

   —________________

   a. Quizás estén trabajando.
   b. Sí, es su pasatiempo favorito.
   c. Necesitan la cuchara y la servilleta.

2. —¿Qué te pasa?
   —Perdí mis gafas de sol.

   —________________

   a. ¡Qué mala suerte!
   b. No puedo más.
   c. ¿No sabías?

3. —Ah, pero ¡qué joven!

   —________________

   a. Sí, sólo tenía 16 años.
   b. Sí, tenía 76 años.
   c. Sí, sólo a los 10 años.

4. —Estoy preocupado.
   —¿Por qué?
   —Los niños comieron poco.

   —________________

   a. Es evidente que tiene hambre.
   b. Dudo que les gusten los huevos con jamón.
   c. Es posible que tengan aceite y vinagre.

5. —No vi la primera parte de la película.
   —¿Por qué? ¿Llegaste tarde?

   —________________

   a. Sí, fueron las seis.
   b. Sí, eran seis.
   c. Sí, eran las seis.

6. —¿Cuánto tiempo van a estar ellos en Panamá?

   —________________

   a. Es posible que regresen mañana.
   b. Es cierto que no están allí.
   c. Hay que volver pronto.

7. —Buenos días, señor. ¿Una mesa para cuántos?

   —________________

   a. Es posible que tenga cinco.
   b. Llegamos a las cinco.
   c. Somos cinco.

8. —Me gusta tu falda nueva.
   —Gracias.

   —________________

   a. Mi madre lo hizo por mí.
   b. La compré por 20 dólares.
   c. Para mí, es fabuloso.

9. —¿Vas a poner la mesa?

   —________________

   a. Sí, aquí va el cuchillo y aquí va el tenedor.
   b. Sí, la pongo en mi habitación.
   c. Sí, pongo la comida en la mesa.

10. —¿Te vas a Acapulco? No lo creo.
    —¿De qué te sorprendes?

    —________________

    a. Que tienes que viajar.
    b. Que vayas a Suramérica.
    c. Que tengas tanto dinero.

11. —Mi amiga Juanita siempre hace crucigramas.

    —________________

    a. Es evidente que sabe muchas palabras.
    b. Dudo que le guste pescar.
    c. No creo que arregle carros.

12. —Voy a preparar una tortilla española.
    —¡Qué bueno! ¿Qué ingredientes necesitas?

    —________________

    a. Lechuga, queso y pimienta.
    b. Tenedor, vaso y sartén.
    c. Cebolla, huevos y patatas.

NOMBRE____ FECHA______________________

Actividad I: Cloze Paragraph. Complete the following note from one roommate to another that was left on the refrigerator door by writing the appropriate words.

Te esperé hasta ________________ doce y media, pero tengo ________________ ir a ________________ biblioteca. Preparé algo ________________ el almuerzo y está ________________ la cocina. Espero que no ________________ muy tarde y que la comida no ________________ fría. Sabes que esta noche vienen los chicos a cenar y a ________________ a las cartas. Dudo ________________ Armando y Manuel jueguen con nosotros. Estoy segura de que se ________________ a sentar a hacer crucigramas o a ________________ al ajedrez. ¿Puedes ir a la tienda ________________ mí? No tenemos casi nada ________________ comer. Hay que comprar los ________________ para hacer una tortilla española y también lechuga ________________ Pepsi. Espero que no gastes mucho ________________, porque es el fin de mes y, como sabes, estamos ________________ poco pobres. Tal vez yo regrese ________________ las cinco y ________________ tiempo para limpiar la casa. Te veo ________________ tarde. Gracias ________________ tu ayuda.

Actividad J: Cloze Paragraph. Complete the following ad for a store by writing the appropriate words.

¿Está Ud. cansado? ¿No ________________ dormir? ¿________________ divierte poco? Quizás Ud. trabaje demasiado y es posible que ________________ descansar. Si Ud. toma ________________ minutos y pasa ________________ nuestra tienda "Pasatiempos" para pasar el ________________, se va a sorprender de que ________________ una variedad tan grande de juegos y pasatiempos: monedas y ________________ para coleccionar, rompecabezas, ________________ de ajedrez y mucho ________________. Esperamos que encuentre ________________ poco dinero el pasatiempo perfecto ________________ Ud.

NOMBRE ______________________ FECHA ______________

CAPÍTULO 10

Actividad A: The Mail. Associate each of the following descriptions with a word or expression relating to the mail and write your answer.

1. la escribes y después la pones en un sobre ______________
2. cuando mandas una carta la pones en uno de éstos, que son azules en los Estados Unidos ______________
3. la persona que te trae las cartas ______________
4. cuando voy al correo siempre tengo que esperar porque hay muchas personas que están haciendo esto ______________
5. si quiero mandar algo grande, mando uno de éstos ______________
6. por un lado tiene una foto y por el otro lado puedo escribir ______________
7. mando uno de éstos STOP, si quiero que el mensaje llegue rápidamente STOP ______________
8. no puedo mandar una carta sin comprar y poner uno de éstos en el sobre ______________
9. después de escribir la carta, la pongo en uno de éstos ______________
10. escribo esto para que el cartero sepa adónde va la carta ______________
11. esto es la dirección de la persona que escribe la carta ______________

NOMBRE_______________________________________ FECHA____________________

Actividad B: Sports Equipment. Associate each of the following sports with the appropriate sports equipment and write your answer.

1. el béisbol ______________________________
2. el fútbol americano ______________________________
3. el golf ______________________________
4. el tenis ______________________________
5. el boxeo ______________________________
6. el hockey ______________________________
7. esquiar ______________________________
8. jugar a los bolos ______________________________

NOMBRE____ FECHA______________________

Actividad C: Verbs like *gustar*. Complete each of the following sentences by writing the appropriate form of the verb in the preterit or present tense as indicated by the context.

1. A mí ______ ________________ los deportes. (fascinar)
2. Ayer a nosotros ______ ________________ la película. (encantar)
3. Después de jugar al fútbol, a Julio siempre ______ ________________ la espalda. (doler)
4. Pablo juega al hockey, por eso, ______ ________________ dos dientes. (faltar)
5. Ayer tuve un accidente y hoy ______ ________________ la cabeza. (doler)
6. Anoche vimos el apartamento de Beto y ______ ________________. (encantar)
7. ¿Qué ______ ________________ la película que viste el sábado? (parecer)
8. A mí ______ ________________ muy inteligentes tus hijos. (parecer)
9. A Joaquín ______ ________________ coleccionar sellos. (encantar)
10. A Jorge y a Laura ______ ________________ la clase de español. (encantar)
11. ¿A vosotros ______ ________________ una buena idea? (parecer)
12. A ese jugador ______ ________________ un zapato. (faltar)
13. ¿Qué ______ ________________ a ti la película de anoche? (parecer)

13. —Ayer vi a mi actor favorito.
—¿Y cómo era?

—____________________

a. Tenía poco pelo y bigote.
b. Fue muy simpático.
c. Estaba con mi abuelo.

14. —Cuando tenía cinco años tenía miedo de los monstruos.
—¿Y qué hacías?

—____________________

a. Salí de mi habitación.
b. Lloré toda la noche.
c. Dormía con mi hermana.

NOMBRE______________________ FECHA______________

Actividad H: Cloze Paragraphs. Complete the following portions of three different letters by writing the appropriate words.

1. Espero que ___________ bien y que no trabajes demasiado. Ya ___________ seis meses que llegué a Guatemala y todo ___________ fascina. La gente y las costumbres son nuevas y diferentes y ___________ parece estar en otro mundo, ___________ me encanta. A lo mejor voy a estar aquí mucho ___________. Cuando llegué conocí ___________ mucha gente en la universidad, especialmente ___________ un chico muy simpático que ___________ llamaba Antonio. Antonio ___________ 24 años, ___________ bajo, moreno y muy inteligente. Salí con él por tres meses y él ___________ enseñó mucho sobre la vida de este país. Me ___________ Antigua, la capital original ___________ Guatemala, que ___________ una ciudad muy importante para los españoles. Pero ¿sabes? Estoy triste porque Antonio ya no está aquí. Estudia en una universidad de Francia y va a estar allí ___________ unos tres años.

2. No sé ___________ sabes, pero el domingo ___________ comenzaron aquí los Juegos Panamericanos. Ayer ___________ a un ___________ de basquetbol muy interesante entre Estados Unidos y Puerto ___________. Los jugadores de Estados Unidos ___________ altísimos y los de Puerto Rico eran ___________, pero jugaban muy bien. Finalmente ganó el equipo de los ___________ Unidos. Recibieron un trofeo que ___________ muy grande. Cuando se ___________ dieron, el jefe del equipo ___________ muy contento.

3. Voy a terminar esta carta y tengo ___________ ir al ___________ para comprar estampillas y mandarla. También tengo que conseguir unas ___________ postales. Se ___________ voy a mandar a mis parientes y ___________ mis amigos. Te ___________ de menos y espero que me puedas venir a ___________ pronto. Dudo que mi familia ___________ venir, pero quiero que tú ___________.

NOMBRE ______________________________ FECHA ______________

Actividad I: Cloze Paragraph. Complete the following portion of an interview with a famous author by writing the appropriate words.

—Señor Montero, me gustaría saber algo de Ud. cuando ______________ niño. ¿Dónde vivía Ud. cuando ______________ diez años?

—______________ con mis padres en Montevideo, ______________.

—Y cuando Ud. era niño, ¿era su vida diferente a la ______________ de otros niños?

—Ehh . . . No. En realidad, estudiaba, ______________ a fiestas con mis amigos, jugaba ______________ ellos, . . . la vida normal de un ______________ uruguayo. Recuerdo que en el verano, mi familia y yo ______________ a la playa. Siempre ______________ calor, pero el agua del Atlántico siempre estaba ______________. Eran unos ______________ maravillosos.

—¿Me puede decir cuándo ______________ Ud. a escribir?

—Fue un verano ______________ la playa, ______________ quince años y escribí mi ______________ novela. Era un ______________ de aventuras; en realidad no ______________ muy bueno y ______________ escribí en dos meses, pero ______________ lo enseñé a mis padres y ellos vieron que yo ______________ talento y ______________ lo mandaron a un amigo que ______________ editor.

NOMBRE______________________________ FECHA______________

CAPÍTULO 11

Actividad A: Health. Write the health-related word or expression that you would associate with each of the following phrases.

1. tener frío, después tener calor, y más tarde tener frío ______________
2. romperse un brazo o una pierna ______________
3. A, B, AB, O ______________
4. una fotografía de la parte interior del cuerpo ______________
5. cuando no puedes respirar y tienes tos ______________
6. cuando tienes esto necesitas tomar antibióticos ______________
7. cuando te cortas y sangras tienes esto ______________
8. tener que ir mucho al baño ______________
9. 102°F, 40°C ______________
10. si fumas mucho es posible que hagas esto ______________
11. muchas mujeres tienen esto por la mañana cuando están embarazadas ______________
12. una persona que nunca está enferma tiene esto ______________
13. la hepatitis, el cáncer y la diabetes son ejemplos de esto ______________
14. si una persona es de Los Ángeles y va a Denver siente esto por la altura ______________
15. Vicks 44, Nyquil ______________
16. Bayer, Bufferin ______________
17. Contac ______________
18. para obtener medicina de una farmacia necesitas que el médico te escriba esto

    ____
19. los niños lloran cuando reciben medicina de esta forma ______________
20. un tipo de droga como penicilina, para combatir la infección ______________

Actividad F: Miniconversations. Read each of the following conversations and choose the letter of the logical response.

1. —¿Están enfermos?

   —________________

   a. No, tienen una receta médica.
   b. Sí, tienen tos.
   c. Sí, tengo náuseas.

2. —¿Qué hacían Uds. cuando las llamé?

   —________________

   a. Escuchábamos la radio.
   b. Jugamos al golf.
   c. Miraba un vídeo.

3. —¿Me llevas en tu carro?

   —________________

   a. No, porque el carro no arranca.
   b. No, porque tiene un baúl.
   c. No, porque está en el retrovisor.

4. —Carlos está en el hospital.
   —¿Por qué?

   —________________

   a. No compró el vendaje.
   b. Tenía buena salud.
   c. Tuvo un accidente automovilístico.

5. —¿Sabes? Llegué a este país en 1985.
   —¿Y dónde vivías antes?

   —________________

   a. Viví en Centroamérica.
   b. Estaba en Centroamérica.
   c. Trabajabas en Centroamérica.

6. —¿Te gustó el concierto?
   —Sí, mucho. ¿Y tú por qué no fuiste?

   —________________

   a. Iba a ir pero me enfermé.
   b. Iba todos los días.
   c. Iba contigo.

7. —¿Qué síntomas tenía el niño?

   —________________

   a. Tenía un parabrisas.
   b. Jarabe y pastillas.
   c. Fiebre y escalofríos.

8. —Anoche nos acostamos tardísimo.
   —¿Por qué?

   —________________

   a. Teníamos mucho sueño.
   b. Tuvimos que trabajar.
   c. Queríamos dormir.

9. —Juanito, tienes que practicar el piano.
   —No quiero.

   —________________

   a. Además no es importante.
   b. Para colmo no me gusta.
   c. Debes hacerlo ahora mismo.

10. —¡Qué frío hace!
    —¿Por qué no cierrras las ventanas?

    —________________

    a. Los cerré.
    b. Ya están cerradas.
    c. Lo cerraron.

11. —¿Por qué llegas tan tarde?

    —________________

    a. No arrancó el carro.
    b. No tuve que tomar un autobús.
    c. No había acelerador.

12. —Y ahora estoy resfriado.
    —¿Por qué?
    —Porque mientras caminaba a casa

    ____

    a. llovía mucho.
    b. llovió mucho.
    c. llueve mucho.

13. —¿Qué hacían cuando vino Carlos?

—__________________

a. Prepararon la cena.
b. Preparan la cena.
c. Preparaban la cena.

14. —¿Sabes lo que hacía yo mientras tú te divertías?
—No, ¿qué?

—__________________

a. Estudié mucho.
b. Trabajaba en la oficina.
c. Estuve aquí.

15. —¿Te molesta la música?

—__________________

a. No vale la pena.
b. No. ¡Qué lío!
c. No, ¡qué va!

16. —¿No sabes quién es él?

—__________________

a. Sí, lo conocía ayer.
b. Sí, lo conocí ayer.
c. Sí, lo conocían ayer.

17. —¡Qué hambre tengo!
—¿No vas a preparar la cena?

—__________________

a. Está preparada.
b. Es preparada.
c. Está preparando.

NOMBRE________________________________ FECHA________________

Actividad G: Cloze Paragraph. Complete the following newspaper article by writing the appropriate words.

Heridos en accidente automovilístico:

Anoche mientras llovía mucho y las calles __________ en malas condiciones, ocurrió un terrible __________ en la Avenida Chile de esta ciudad. Julio Ortiz, hombre de 56 __________ que __________ un carro viejo, chocó con un autobús __________ la ciudad. El autobús __________ a doblar a la derecha cuando Ortiz no pudo controlar su carro y __________ los dos vehículos. Mientras esperaban la ambulancia, dos policías __________ a las víctimas. Varias personas __________ heridas y algunas sangraban __________. La policía dijo que el __________ de seguridad del Sr. Ortiz no __________ abrochado y, para colmo, él __________ manejando muy rápidamente. Los policías no __________ más. Los paramédicos __________ que llevar a las víctimas al __________.

Actividad H: Cloze Conversation. Complete the following conversation between a patient and a doctor by writing the appropriate words.

—Buenos días, doctora.

—¿Cómo __________, señorita?

—De veras no muy __________. Me siento mal, tengo __________ fiebre, tos, náuseas y diarrea.

—Vamos a ver. ¿Cuándó __________ a tener esos síntomas?

—Ayer por la mañana, mientras __________ vistiéndome comencé a sentirme mal y cuando __________ a salir __________ el trabajo sentí escalofríos.

—Entonces, no fue a trabajar, ¿__________?

—__________ que ir porque tenía mucho trabajo, pero no pude continuar y __________ a casa.

—Sí, ya veo. Ud. tiene __________ gripe terrible. Aquí tiene una __________ médica para un antibiótico y __________ jarabe. La farmacia del hospital está __________, pero puede comprarlos en la __________ de la Avenida de las Américas.

—Gracias, doctora. Adiós.

NOMBRE ______________________________ FECHA ______________

Actividad I: Cloze Paragraph. Complete the following note left by a nurse for the doctor by writing the appropriate words.

__________ las doce cuando su esposo llamó. Dijo que mientras él estaba __________ la oficina, lo __________ por teléfono el director del colegio de __________ hijo. Estaba muy preocupado y le dijo que su hijo __________ una fractura en __________ pierna. Mientras estaban en la clase de deportes el niño __________ corriendo y __________ cayó. Su esposo __________ que llevarlo al hospital y no pudo volver __________ trabajo. También mientras Ud. no estaba en el consultorio, __________ la Sra. Dolores de Barriga. Dijo que __________ muy enferma como siempre. __________ escalofríos y mucha tos. La pobre señora piensa __________ tiene problemas, pero dudo que __________ verdad. También llamó el doctor Matasanos. Él __________ que Ud. vea a sus pacientes __________ una semana. Una cosa __________ importante: llamó un agente de carros. __________ que tenía el carro perfecto para Ud. Él espera que Ud. lo vea mañana __________ la mañana y dijo que el carro sólo __________ 25.000 dólares.

NOMBRE________________________________ FECHA____________________

CAPÍTULO 12

Actividad A: Instruments and Food. Write the word that does not belong in each of the following groups.

1. saxofón, filete, trompeta, flauta __________________________
2. violín, trompeta, guitarra, violonchelo __________________________
3. pollo, ajo, cerdo, cordero __________________________
4. carne de res, espárragos, coliflor, ajo __________________________
5. frijoles, cordero, lentejas, guisantes __________________________
6. flauta, batería, clarinete, trombón __________________________
7. chuleta, filete, bistec, helado __________________________
8. flan, helado, fruta, pavo __________________________

NOMBRE______________________________ FECHA______________

Actividad B: Geography. Write the word that does not belong in each of the following groups.

1. lago, puente, mar, río ______________
2. catarata, río, océano, selva ______________
3. isla, costa, playa, valle ______________
4. campo, puente, carretera, autopista ______________
5. colina, montaña, volcán, costa ______________
6. pueblo, bosque, ciudad, puerto ______________

Actividad C: Geography. Write the word you associate with the following names and places.

1. Tarzán ______________
2. Jack y Jill ______________
3. Venice, Brighton, Waikiki ______________
4. Andes ______________
5. Golden Gate ______________
6. Nilo, Misisipí, Orinoco ______________
7. Pacífico ______________
8. Nueva York, Nueva Orleans, Houston, Barcelona, San Juan ______________
9. Mt. St. Helen, Etna ______________
10. La autobán en Alemania ______________
11. Cuba, Puerto Rico, República Dominicana ______________
12. Titicaca ______________
13. Napa, Death ______________
14. Niágara ______________
15. Smokey y Yogi ______________
16. pocas casas, pocas personas ______________

NOMBRE____ FECHA____________________

Actividad E: Past Participles as Adjectives. Complete each of the following sentences by writing the appropriate past participle of the indicated verb.

1. Perdón, ¿está ________________ la tienda? (abrir)
2. No entendía ninguna de las palabras que estaban ________________ en la pizarra. (escribir)
3. Mamá, mi cama está ________________. ¿Puedo ir a jugar? (hacer)
4. Carlos y Felipe no durmieron en toda la noche y hoy estaban ________________ de sueño. (morir)
5. Después de la tormenta el limpiaparabrisas del carro estaba ________________. (romper)
6. El puente nuevo está ________________. (abrir)
7. Todo estaba ________________. (decir)
8. La mesa está ________________. ¿Podemos comer? (poner)
9. Las lentejas están ________________. ¿Ahora qué hago? (hacer)
10. El helado ya está ________________. (pedir)
11. Los espárragos están ________________, ¿quieres que los ponga en una olla? (lavar)
12. Silvia, el primer plato ya está ________________. Vamos a sentarnos, ¿no? (servir)
13. Por favor, camarero. Este filete no está bien ________________. (hacer)
14. Después de mucho trabajo, el libro estaba ________________. ¡Por fin! (escribir)
15. Victoria, ¿puedo entrar? ¿Estás ________________? (vestir)
16. Me dolía la pierna muchísimo, así que fui al médico y resultó que la pierna estaba ________________. (romper)

NOMBRE ______________________________ FECHA ____________________

Actividad F: Negatives. Complete each of the following sentences by writing the correct negative word.

1. Me robaron y ahora no tengo ____________ dinero ____________ tarjetas de crédito.
2. ____________ me dijo la verdad.
3. —¿Tienes unos discos compactos de salsa?
   —No, no tengo ____________.
4. No puede tener ____________ perros ____________ gatos porque tiene alergias.
5. No tengo ____________; perdí todo cuando explotó la bomba y destruyó mi casa.
6. No les dio ropa ____________ comida a las víctimas.
7. No me dijo ____________.
8. Ella no tiene parientes ____________ amigos que la ayuden. Está sola.
9. ____________ amiga me ayudó.
10. No tenían casa ____________ carro después de la explosión.
11. No me dio ____________.
12. La escuela no tiene dinero para libros ____________ cuadernos para los estudiantes.

NOMBRE______________________________ FECHA________________

Actividad G: Comparatives and Superlatives. Complete each of the following sentences by making comparisons based on the information given.

1. Carlos es alto y Felipe es bajo. Carlos es

   ______________________________.

2. Fernando es inteligente y Pepe es muy inteligente. Fernando es

   ______________________________.

3. Felipe tiene 25 años y Ramón tiene 26 años. Ramón es

   ______________________________.

4. Pilar tiene 20 años y su hermano tiene 22. Pilar es

   ______________________________.

5. Tengo tres hijas; Dolores es muy mala. Dolores es

   ______________________________.

6. Tengo cuatros perros; Rufi es muy simpática. Rufi es

   ______________________________.

7. David trabaja bien, pero Darío trabaja muy bien. Darío trabaja

   ______________________________.

8. María es simpática y Carmen es antipática. María es

   ______________________________.

9. Tengo muchos profesores, pero el Sr. Robles es muy bueno. El Sr. Robles es

   ______________________________.

10. Víctor mide 2 metros y Jorge mide 2 metros y 3 centímetros. Víctor es

    ______________________________.

11. Laura tiene 20 años, Angelita tiene 22 años e Isabel tiene 25 años. Laura es

    ______________________________.

NOMBRE____ FECHA______________________

Actividad H: ***De, que; más, menos; el, la, los, las.*** Write the appropriate word or words to complete each of the following sentences.

1. La operación de Javier le costó más ~~que~~ de 25.000 dólares.
2. Las vacaciones en las montañas son más divertidas que en la playa.
3. Lorenzo es el más bajo ~~que~~ de los tres hermanos.
4. Esta computadora cuesta más ~~que~~ de 3.000 dólares.
5. Mis exámenes de historia son más difíciles que tus exámenes; mi profesora siempre pide más.
6. El niño es grande, pero no puede tener más ~~que~~ de diez años.
7. Los carros japoneses son los más económicos ~~que~~ de todos.
8. Fue baratísimo. ¡El viaje de ida y vuelta con hotel me costó menos ~~que~~ de 500 dólares!
9. Había menos ~~que~~ de 30 personas en la fiesta.
10. Juanita tiene 3 años y es la menor de los cinco hermanos.

Use "de" when you are saying that there is more or less of a certain amount.

Use "que" when comparing 2 things!

NOMBRE____ FECHA____________________

Actividad I: The Absolute Superlative *(-ísimo)*. Rewrite each of these sentences using the absolute superlative.

❖ Magic Johnson es muy alto. ***Es altísimo.***

1. Paula es muy simpática. ________________________________
2. Estas lentejas están muy buenas. ________________________________
3. El examen fue muy fácil. ________________________________
4. El carro de Guillermo es muy rápido. ________________________________
5. La clase de historia me pareció muy larga hoy. ________________________________
6. El niño está muy feliz hoy porque es su cumpleaños. ________________________________
7. Juanita es muy baja. ________________________________
8. Las tortillas de mi madre son muy ricas. ________________________________

NOMBRE______________________________ FECHA________________

Actividad J: Miniconversations. Read each of the following conversations and choose the letter of the logical response.

1. —Buenos días, señor.
   —Buenos días. ¿Va a comprar hoy ternera?

   —________________

   a. No, hoy prefiero un bosque y unas cataratas.
   b. No, hoy quiero un filete y unas chuletas.
   c. Sí, un mar y unos ríos.

2. —¿Qué vas a hacer para las vacaciones?
   —Voy con mi novio a esquiar en Steamboat.

   —________________

   a. ¡Qué va!
   b. ¡Qué cursi!
   c. ¡Qué chévere!

3. —Anoche escuchamos un conjunto magnífico.
   —¿Sí? ¿Qué instrumentos tocaron?

   —________________

   a. El clarinete, la batería y el saxofón.
   b. La coliflor, el cordero y el pollo.
   c. El bosque, la selva y el lago.

4. —Quisiera tocar el violín en la orquesta.
   —¿Y por qué no lo tocas?

   —________________

   a. No puedo, está roto.
   b. No puedo, está rompiendo.
   c. No puedo porque tengo mucho tiempo.

5. —¿Pediste verduras?

   —________________

   a. Sí, no como ni carne ni pollo.
   b. Sí, de lentejas y melón.
   c. Sí, me gusta el helado.

6. —¿Tienen ellos la misma edad?
   —Andrés tiene 22 años y Mariana 24.

   —________________

   a. ¡Ah! Él es mayor que ella.
   b. ¡Ah! Él es mejor que ella.
   c. ¡Ah! Él es menor que ella.

7. —¿Qué hacían cuando vivían en el Caribe?

   —________________

   a. De repente fuimos a la playa.
   b. A menudo íbamos a la playa.
   c. Sin embargo, íbamos a la playa.

8. —¿Entraron Uds. a escuchar el concierto?

   —________________

   a. Sí, el teatro se abría a veces.
   b. Sí, el teatro se abrió después.
   c. Sí, el teatro estaba abierto.

9. —¿Qué más desean?
   —¿Qué hay de postre?

   —________________

   a. Frijoles y ajo.
   b. Flan con dulce de leche.
   c. Frijoles con queso.

10. —Cuando yo era joven me encantaba bailar.
    —O sea, ibas a muchas fiestas, ¿no?

    —________________

    a. Sí, hoy en día.
    b. Sí, de repente.
    c. Sí, a menudo.

11. —Vamos a nadar esta tarde.
—¿Adónde?

—____________________

a. En la carretera.
b. En el mar.
c. En la selva.

12. —Todos trabajamos para la fiesta.
—¿Y qué hacían Uds. mientras sus padres preparaban la comida?

—____________________

a. Poníamos la mesa.
b. Limpiamos el apartamento.
c. Contestamos el teléfono.

13. —¿Quieres que cenemos ya?
—Sí, ¿pero está todo listo?

—____________________

a. Sí, la mesa está puesta.
b. Sí, todos somos listos.
c. Sí, tengo que preparar la carne.

NOMBRE____ FECHA____________________

Actividad K: Cloze Paragraph. Complete the following newspaper article by writing the appropriate words.

La semana pasada________ en esta ciudad, hubo una convención sobre ecología. Había________ algunos de los ecólogos más famosos de________ mundo que vinieron los________ estudiar el problema grandísimo de ________________ contaminación del ambiente. Se hicieron tres grupos de estudios. Mientras un grupo hablaba de la destrucción de la selva________, los otros ________________ estudiaban la contaminación del océano y la contaminación del aire de las ________________. Finalmente, el viernes pasado los ecólogos dieron sus conclusiones, que están ________________ en un documento importantísimo. Dijeron que el problema de la ecología es ________________ importante que otros problemas ________________ en día. También dijeron que ni los Estados Unidos ________________ otros países debían ignorar ________________ gran problema de la contaminación.

Actividad L: Cloze Conversation. Complete the following portion of a conversation by writing the appropriate words.

—¿Y tú no ________________ a ir al concierto de Mecano?

—Sí, pero no ________________. Estaba ocupadísima. ¿________________ tú?

—Sí, me divertí muchísimo, aunque no me gustaron ________________ la primera ________________ la última canción.

—Pero entonces, ________________ gustó el concierto, ¿no?

—No me gustó, pero ________________ divertí. Ni la cantante ________________ el guitarrista ________________ muy buenos, sin embargo el chico que ________________ la batería era sensacional. Además ________________ guapísimo y tocaba ________________ que todos los otros. ¿Y sabes? Mientras ellos ________________, el público cantaba, gritaba . . . era un verdadero pandemonio. Pero ¡________________ chévere!

—No lo ________________ creer. ¿Algo más?

—Pues, cuando tocaban la última canción, el chico de la guitarra de repente dejó ________________ tocar. Parece que su guitarra ________________ rota, pero ________________ nadie le molestó porque nos estábamos divirtiendo ________________.

NOMBRE______________________ FECHA______________

Actividad M: Cloze Paragraph. Complete the following paragraph about the author's childhood by writing the appropriate words.

Cuando yo __________ niña vivía en Colombia. Recuerdo que vivíamos en una casa grande con __________ habitaciones, y que __________ un patio completamente lleno __________ flores. Yo era __________ menor de la familia y tenía un perro grandísimo que __________ llamaba Toni. Toni __________ casi más grande __________ yo. __________ menudo, mi familia iba __________ la playa. ¡Qué diferencia entre los días __________ de la ciudad, que __________ situada en la montaña, y el calor que __________ en la playa! Recuerdo muy bien un día cuando estábamos __________ y jugando en la playa que __________ repente oímos unos gritos horribles. Todos fuimos __________ ver qué pasaba. Vimos __________ una señora que lloraba muchísimo porque su hijo de siete años __________ perdido. Todos empezamos a __________, pero no pudimos encontrarlo ni en la playa __________ en el mar. Estábamos tristísimos cuando apareció el niño con nuestro __________, Toni. Ellos venían del pueblo y __________ jugando. El niño llevaba __________ helados: uno para él y otro para Toni.

NOMBRE______________________________ FECHA____________________

CAPÍTULO 13

Actividad A: Travel Vocabulary. Write the word that you would associate with each of the following descriptions.

1. El señor que maneja el autobús o el camión. ________________________
2. Necesitas esto para entrar en el teatro. ________________________
3. Cuando estás en un tour organizado, ofrecen estos viajes extras a algunos lugares. Pueden estar incluidos en el precio o ser opcionales. ________________________
4. Cuando vas en una excursión, es la persona que te describe lo que estás viendo y te explica la historia. ________________________
5. El 15 de abril todos los norteamericanos tienen que pagar esto al estado y al gobierno federal. ________________________
6. Cuando vas de viaje, es la lista que dice dónde vas a estar y que incluye las fechas y horarios correspondientes. ________________________
7. El viernes no tienes planes, no tienes nada que hacer. Estás ________________________.
8. Algunas cosas son obligatorias, las tienes que hacer, y otras son ________________________.
9. Después de comer en un restaurante, dejas esto en la mesa para el camarero. ________________________
10. La persona que maneja un taxi. ________________________
11. El viaje del aeropuerto al hotel o del hotel al aeropuerto. Es bueno preguntar si esto está incluido en el precio de un tour. ________________________

NOMBRE____ FECHA_____________________

CAPÍTULO 14

Actividad A: Dental Problems. Write the word that is being defined.

1. Cuando tienes una carie, te ponen esto. ______________________
2. Debes hacer esto dos veces por año para tener dientes blancos ______________________
3. Después de cepillarte los dientes debes usar esto ______________________
4. Son las 4 muelas que no necesitas, pero que causan muchos problemas. ______________________
5. Muchas veces cuando tienes problemas con un diente, tienes esto. ______________________
6. Otra palabra para diente es ______________________.
7. Si comes mucha comida con azúcar, no te cepillas los dientes después de comer y no usas una pasta de dientes con fluoruro puedes tener éstas. ______________________

Actividad B: Money. Complete each of the following sentences by writing a money-related word.

1. Para recibir el dinero, Ud. tiene que pasar por la ______________________.
2. ¿Quieres los ______________________ de Visa, Barclays o American Express?
3. ¿Tiene Ud. cheques de viajero o dinero en ______________________?
4. El ______________________ está a 120 pesetas al dólar.
5. La ______________________ de México es el peso.
6. Quiero 100 dólares, 5 ______________________ de 20 dólares.
7. Necesito dinero, lo tengo que ______________________ del banco antes de las 2:00.
8. Sólo tengo dos ______________________, MasterCard y Visa.
9. Antes de dar el cheque al cajero, lo tienes que ______________________.
10. El ______________________ está a 1 dólar por 104 pesetas.

NOMBRE______________________________ FECHA____________________

Actividad C: Vocabulary. Circle the word that does not belong in each of the following groups.

1. carie, empaste, salchicha, muela
2. billete, caja, cheque, empaste
3. galleta, saca, cambia, firma
4. jugo, café, leche, mantequilla
5. yogur, croissant, mantequilla, mermelada
6. moneda, tocino, billete, cheque de viajero
7. tarjeta de crédito, cheque de viajero, billete, firma
8. fritos, duros, churros, revueltos
9. hilo dental, limpieza de dientes, empaste, cepillo de dientes
10. tocino, croissant, tostada, churros
11. dolor de muela, carie, empaste, hilo dental

13. —¡Espérame!
—No, no te voy a esperar más.

—____________________

a. No, ni loco.
b. Ya voy.
c. ¡Qué cursi!

14. —¿Estás preocupado?
—Sí, el guía no ha trabajado bien y no sé que hacer.

—____________________

a. No lo pagas.
b. No le pagué.
c. No le pagues.

NOMBRE____ FECHA_______________________

Actividad I: Cloze Conversation. Complete the following dialogue by writing the appropriate words.

—¡Oye, Manolo! Me alegro de que tú _________________ dentista.

—Hombre, ¿por qué?

—_________________ tengo un dolor de _________________ terrible. Por favor, ayúdame.

—Déjame ver. Sí, sí, tienes una _________________ aquí abajo en la muela del _________________.

—No, no es la de abajo. Es _________________ de arriba a la derecha. Mírala.

—Pero ésa no tiene _________________.

—Pero es la muela de _________________. Te digo que _________________ mires.

—Ya veo, fue que se _________________ cayó el empaste. Dime si _________________ duele cuando te toco.

—¡Ay, _________________, ay! Claro que me _________________. ¿Qué vas a hacer?

—No sé. Por un lado puedo ponerte otro _________________, y por otro . . .

—Haz algo pronto, _________________ favor.

—Ahora no puedo porque _________________ una infección.

—Te digo que _________________ algo.

—Basta _________________ molestar. Ve a casa. Tómate este antibiótico. No _________________ nada frío y vuelve el viernes a _________________ diez.

Actividad J: Cloze Paragraph. Complete the following portion of a letter by writing the appropriate words.

Saludos desde Santo Domingo. Llegamos aquí _________________ dos días y lo estamos pasando bien y mal. Por un _________________ Pablo, uno de los chicos de nuestro _________________, se ha enfermado un poco. El _________________ le dio unas medicinas, pero él les _________________ fobia a las pastillas. Yo le digo que se las _________________ si quiere salir y divertirse. Por _________________ lado lo estamos pasando muy _________________. Todas las mañanas nos _________________ en un pequeño restaurante que _________________ cerca del hotel y que tiene _________________ deliciosos de mango y papaya (los de frutas tropicales son los mejores). Tenemos suerte porque _________________ hotel es muy bueno. _________________ de unos chicos de California no siempre tiene _________________ caliente. Bueno, tengo que ir ahora a _________________ unos cheques de viajero. A mi amiga se le _________________ los suyos. ¡Pobre! Vamos a regresar la semana que _________________. Hasta entonces.

NOMBRE ______________________ FECHA ______________

CAPÍTULO 15

Actividad A: Animals. Write the animal that you would associate with each of the following characters.

1. Babar ______________
2. Jaws ______________
3. Ferdinand ______________
4. Elsie ______________
5. Lassie ______________
6. Garfield ______________
7. Tweetie ______________
8. Cheetah, Curious George ______________
9. Yogi, Boo Boo ______________
10. Mr. Ed, Black Beauty ______________
11. Rin Tin Tín ______________
12. Leo ______________
13. Félix ______________
14. Trigger ______________
15. Adán y Eva ______________
16. Foghorn Leghorn ______________

Actividad B: The Environment. Write the environment-related word that you would associate with each of the following descriptions.

1. El aire de Los Ángeles está lleno de esto. ______________
2. Hacen carros en una de éstas. ______________
3. Está afectando los lagos en el norte de los Estados Unidos y Canadá. ______________
4. Es una forma de energía barata y limpia. ______________
5. Cuando usamos los periódicos y las cosas de cristal otra vez hacemos esto. ______________
6. Una vez por semana sacamos esto a la calle y viene un camión para recogerlo.

   ____
7. La forma de energía de Chernobyl y Three Mile Island es ______________.
8. Cuando todos los animales de una especie mueren ocurre esto. ______________
9. Tenemos que ______________ energía porque si no lo hacemos, vamos a destruir el planeta.

NOMBRE_______________________ FECHA_______________

Actividad C: Adjectives. Complete each of the following sentences by choosing a logical adjective and writing its appropriate form.

1. Es una señora muy ________________, siempre está gritando. (agresivo, amable)
2. Unos señores me estaban molestando y él no hizo nada. Es muy ________________. (sensible, cobarde)
3. Mis padres no hacen nada. Beben Pepsi y miran las telenovelas. Son ________________. (orgulloso, perezoso)
4. Hernando y su hermana pensaban que la capital de Nueva York era Nueva York; de verdad son ________________. (ignorante, honrado)
5. Laura es muy ________________, el otro día se dio cuenta de que la señora del banco le había dado 10 dólares de más y se los devolvió. (honrado, valiente)
6. Es Ud. muy ________________, gracias. (amable, perezoso)
7. Es un hombre muy ________________, va ser presidente de la compañía muy pronto. (amable, ambicioso)
8. Mi hermano dio un concierto de piano el otro día. De verdad no lo hizo muy bien, pero mis padres estaban muy ________________. (perezoso, orgulloso)
9. Ellos son muy ________________, por eso no van a hacer nada sin hablar con un médico primero. (sensato, sensible)
10. Mientras el carro se quemaba, la policía subió al carro y sacó al niño. Era una mujer muy ________________. (amable, valiente)
11. El niño me ayudó cuando se me rompió la maleta en la calle. Fue muy ________________. (honrado, amable)

NOMBRE______________________________ FECHA__________________

Actividad D: Subjunctive in Adverbial Clauses. Complete each of the following sentences by writing the appropriate subjunctive or indicative form of the verb.

1. Cuando __llego__ al trabajo, la primera cosa que hago es preparar el café. (llegar)
2. Cuando __puedas__, vas a escribir, ¿no? (poder)
3. Anoche cuando __fui__ al cine, vi a María. (ir)
4. Cuando __tenga__ 50 años quiero ser rica y famosa. (tener)
5. Cuando mi padre __deje__ de trabajar, dice que quiere pasar tres meses en Arizona todos los inviernos. (dejar)
6. Después de que __salgan__ los resultados del examen, voy a hablar con la profesora porque tuve problemas en el examen. (salir)
7. Cuando __visitó__ a mis padres la semana pasada, ellos me dieron un carro usado. (visitar)
8. Vamos a ir a la tienda después de que __terminamos__ este programa en la televisión. (terminar)
9. Puedo usar el carro esta tarde después de que __lleva__ a mi padre a la oficina. (llevar)
10. ¿Van a ir Uds. al cine mañana después de que Carmen ______________ de trabajar? (terminar)
11. Laura va a estudiar hasta que ______________ todo. (entender)
12. Después de que que ellos ______________ el partido, tuvimos una fiesta para todo el equipo. (ganar)
13. Vamos a jugar hasta que un equipo ______________. No es posible terminar un partido 3 a 3, un equipo tiene que ganar. (ganar)
14. Anoche esperamos a Víctor en el aeropuerto hasta que nos ______________ que no había más vuelos de Caracas. Es posible que haya tenido problemas. (decir)
15. Cuando ______________ el señor Guzmán, dígale que me espere. (llegar)
16. Sé que Paula no quiere hablar con Ramón, pero él va a llamar a Paula hasta que ella le ______________. (hablar)
17. El niño empezó a gritar a las cinco y no dejó de molestar hasta que lo ______________ su madre a las ocho. (levantar)
18. El niño va a llorar hasta que ______________ lo que quiere. (recibir)

NOMBRE____________________ FECHA__________

Actividad E: Suggesting and Inviting: Let's . . . Answer each of the following questions by suggesting or inviting someone to do something. Use **nosotros** commands.

1. ¿Nos levantamos? ____________________
2. ¿Vamos a nadar? ____________________
3. ¿Vamos a sentarnos aquí? ____________________
4. ¿Quieres estudiar conmigo ahora? ____________________
5. ¿Quieres escribirlo conmigo? ____________________
6. ¿Quieres volver conmigo? ____________________
7. ¿Lo comemos? ____________________
8. ¿Vamos a esquiar? ____________________
9. ¿Lo hacemos? ____________________
10. ¿Las visitamos? ____________________
11. ¿Lo empezamos? ____________________
12. ¿Nos acostamos? ____________________

NOMBRE____ FECHA_______________________

Actividad H: Relative Pronouns. Complete each of the following sentences by writing **que, quien,** or **lo que.**

1. Eso es muy importante, pero _______________ me dijiste ayer es más urgente.
2. El señor _______________ lleva sombrero es mi padre.
3. El Sr. Gómez, de _______________ te hablé, está aquí.
4. La mujer _______________ acaba de llegar es mi hermana.
5. _______________ dijo Gloria me interesa mucho.
6. La vicuña es un animal _______________ vive en los Andes.
7. Madrid es una ciudad _______________ es muy divertida.
8. ¿Cómo se llama el hombre con _______________ estuviste en el parque ayer?
9. Puerto Rico es una isla _______________ está en el Caribe.
10. _______________ me dijiste no es verdad.
11. _______________ nos interesa es el dinero.
12. Alberto es un estudiante _______________ trabaja muchísimo.
13. La señora _______________ estuvo aquí quería hablar contigo.
14. Los Sres. Uribe, con _______________ estuviste la semana pasada, te llamaron hoy.

NOMBRE____ FECHA______________________

Actividad I: Miniconversations. Read each of the following conversations and choose the letter of the logical response.

1. —Creo que debemos conservar el ambiente.
   —Claro. ¿Y qué podemos hacer?

   —__________________

   a. Conservar la lluvia ácida.
   b. Reciclar la basura.
   c. Destruir la energía solar.

2. —Mi familia tiene vacas, caballos y gallinas.
   —¿Dónde vives?

   —__________________

   a. Vivo en una granja.
   b. Vivo en una selva.
   c. Vivo en un zoológico.

3. —Siempre lloro cuando veo películas tristes.
   —¿Por qué?

   —__________________

   a. Es que soy muy sensible.
   b. Es que soy muy amable.
   c. Es que soy muy sensato.

4. —Me encanta Teresa.
   —De veras es una chica simpática.

   —__________________

   a. Nos llevamos muy mal.
   b. Ellos lo pasan muy bien.
   c. Me cae la mar de bien.

5. —¿Vas mañana a la fiesta?
   —Sí, pero no quiero ir sola.

   —__________________

   a. Lo que quiere es venir.
   b. ¿Con quién quieres ir?
   c. ¿Qué quiere decir?

6. —Llegué un poco tarde a la clase.
   —¿Y ya estaban todos cuando tú llegaste?

   —__________________

   a. Sí, ya habían llegado.
   b. Sí, ya llegaron.
   c. Sí, ya han llegado.

7. —¿Y vas a invitar a Alberto?

   —__________________

   a. ¡Claro que sí! Por eso.
   b. ¡Claro que sí! Por suerte.
   c. ¡Claro que sí! Por supuesto.

8. —Te gustan mucho los animales, ¿no?
   —Sí, me encantan.

   —__________________

   a. Entonces, ¿qué es un animal favorito?
   b. Entonces, ¿cuál es tu animal favorito?
   c. Entonces, ¿cuántos de los animales son favoritos?

9. —¡Pobre Manuel! No se siente bien.
   —Pero él toma medicinas con frecuencia, ¿no?

   —__________________

   a. Cuando tenga dolor de cabeza.
   b. Cuando tiene dolor de cabeza.
   c. Cuando tuvo dolor de cabeza.

10. —¡Uy! Ya es tarde, quisiéramos cerrar la tienda.
    — ¿Hasta cuándo van a esperar?

    —__________________

    a. Hasta que salgan todos los clientes.
    b. Hasta que han salido todos los clientes.
    c. Hasta que salen todos los clientes.

11. —Estoy muy cansado.
    —¿Cuándo te vas a acostar?

    —__________________

    a. Cuando termino.
    b. Cuando terminé.
    c. Cuando termine.

12. —¿Qué tienes en la mano?
    —Una pelota de béisbol.

    —__________________

    a. ¡Ah! Jugamos un poco.
    b. ¡Ah! Estamos jugando un poco.
    c. ¡Ah! Juguemos un poco.

13. —Él no lo sabe todavía.
—¿Van a decírselo?

—________________

a. Sí, digámoselo.
b. Sí, se lo decíamos.
c. Sí, se lo hemos dicho.

14. —Quisiera conocer la ciudad.
—Pues ahora tenemos tiempo libre.

—________________

a. Entonces, llevémonos bien.
b. Entonces, saquémoslo de un apuro.
c. Entonces, demos una vuelta.

15. —¿Por qué llora Carlitos?
—Porque al sentarse se cayó.

—________________

a. ¡Ah! Antes de sentarse se cayó.
b. ¡Ah! Cuando se sentaba, se cayó.
c. ¡Ah! Después de sentarse, se cayó.

16. —¿Te gustan los conjuntos Mecano y Las viudas del rock-and-roll?
—Por supuesto.

—________________

a. Sí, pero, ¿cuál es mejor?
b. Sí, pero, ¿qué es mejor?
c. Sí, pero, ¿para quién es mejor?

17. —No hay nadie en la playa.
—Claro, hace mucho frío.

—________________

a. Es para nadar bien.
b. Por eso no nadamos.
c. Nadamos por si acaso.

NOMBRE______________________________ FECHA______________

Actividad J: Cloze Paragraph. Complete the following plea from an ecologist written to a newspaper by writing the appropriate words.

Conservemos ______________ ambiente. Al empezar los años 90 es ______________ que todos hagamos algo ______________ proteger el ambiente. Cuando la gente se dio cuenta ______________ que había un gran problema, el ambiente ya había recibido la lluvia ______________ que producen las fábricas, ya se ______________ muerto muchos animales, y ya se ______________ cortado muchos árboles de ______________ selva. ¿Cuál es, entonces, la mejor manera de ayudar y ______________ soluciones hay? ______________ que debemos hacer es usar la energía ______________ que no destruye el ambiente, reciclar la ______________ que producimos, y por supuesto no destruir la ______________ con sus animales y sus árboles. No descansemos hasta que el ambiente ______________ limpio otra vez. Por suerte, todavía no es demasiado ______________. Seamos sensatos, limpiemos el medio ______________.

Actividad K: Cloze Conversation. Complete the following conversation by writing the appropriate words.

—¿Dónde ______________ ayer a las dos cuando te llamé?

—Ya ______________ salido. Iba a encontrarme con Jaime, otro estudiante, con ______________ tenía que hacer un proyecto ______________ la clase de zoología.

—Y dime, ¿______________ es el tema?

—Una comparación de tres animales ______________ lo menos. ______________ suerte, lo que el profesor quiere no es muy ______________ y creo que le caigo bien ______________ él. Por eso no______________ muy preocupado.

—¿Y ya terminaste?

—No, cuando yo llegué Jaime ya ______________ salido, y por eso, tengo ______________ trabajar ahora.

—Entonces, ¿no quieres salir conmigo?

—No, voy a estudiar ______________ que termine.

—No trabajes tanto. Demos una vuelta ______________ el parque y ______________ regresemos, puedes estudiar.

NOMBRE________________________________ FECHA____________________

CAPÍTULO 16

Actividad A: Photos and Glasses. Complete each of the following sentences by writing the appropriate word or expression.

1. No llevo anteojos, prefiero llevar ________________.
2. Espera un momento, tengo que ________________ la cámara para que la foto salga bien.
3. —Necesito lentes de contacto.

   —¿________________ o ________________?
4. Tengo que ir a ver al ________________ porque creo que tengo problemas con los ojos. Últimamente tengo muchos dolores de cabeza.
5. ¿Desea Ud. un rollo de fotos o de ________________?
6. Saqué muchas fotos ayer y tengo que llevarlas a ________________ hoy porque quiero enseñarlas a mis padres este fin de semana.
7. —El flash no funciona.

   —Es posible que la ________________ esté mala.
8. No hay luz, vas a tener que usar el ________________.
9. Por favor, necesito un ________________ de 35 milímetros de ASA 400.
10. No llevo lentes de contacto porque me molestan los ojos. Por eso, tengo que llevar ________________.
11. Necesito comprar un ________________ para poner mis fotos.
12. ¿Cuáles te gustan más, las fotos en blanco y negro o en ________________?

NOMBRE______________________________ FECHA____________________

Actividad B: El empleo. Complete each of the following sentences by writing the appropriate word or expression.

1. Cuando buscas un empleo necesitas tres cartas de ____________________ de personas que te conocen.
2. Antes de aceptar un trabajo, debes leer el ____________________ bien antes de firmarlo.
3. Una historia personal de trabajo y estudios se llama un ____________________.
4. Cerraron la fábrica y, por eso, ____________________ a 135 personas.
5. Cuando quieres un puesto, tienes que hablar cara a cara con alguien de la compañía. Esto es una ____________________.
6. Para solicitar un trabajo, tienes que llenar una ____________________.
7. Un masters o un doctorado son dos ____________________ universitarios.
8. Yo trabajo sólo 20 horas por semana, trabajo ____________________.
9. Félix trabaja 40 horas por semana, trabaja ____________________.
10. Voy a ____________________ un puesto en la IBM. Vi un anuncio en el periódico y es perfecto para mí.
11. Gano 3.500 dólares al mes. Pienso que es un buen ____________________.
12. Recibí un trabajo que me paga un sueldo bastante bueno e incluye el ____________________. Es una cosa muy importante hoy, porque los hospitales no hacen nada más que subir los precios.
13. No me dieron el trabajo porque no tenía ____________________ trabajando con computadoras.
14. Quiero un ____________________ en una compañía internacional que pague bien.
15. Hay muchas personas que no tienen trabajo. Creo que el ____________________ está a 7,8 por ciento.
16. Antes de la entrevista, ¿me puede ____________________ esta solicitud?

NOMBRE____ FECHA_____________________

Actividad C: The Future Tense. Complete each of the following sentences by choosing the logical verb and writing its appropriate future tense form.

1. Uds. ________________ muchos hijos. (tener, vender)
2. Yo nunca ________________ más espárragos en mi vida, después de comer tantos hoy. (beber, comer)
3. Si ellos le ofrecen un trabajo, ¿Ramón ________________ lo que debe pedir de sueldo? (saber, comenzar)
4. ¿Dónde ________________ tú el año que viene? (estar, ser)
5. Nosotros ________________ a vivir a Buenos Aires después de terminar los estudios. (ir, traer)
6. Si tengo tiempo, ________________ a tus padres. (despertar, llamar)
7. Ellos ________________ mañana a las cinco. (salir, ser)
8. Hernando ________________ ese carro pronto. (correr, vender)
9. Si necesito algo, ________________ ayuda. (ser, pedir)
10. Si viene el Sr. Perales, nosotros no ________________ ir mañana. (venir, poder)
11. Si compramos la mesa que vimos en la tienda, yo la ________________ aquí, cerca de la ventana. (comprar, poner)
12. Si gana el equipo de Barcelona, ¿dónde ________________ la semana que viene, en Madrid o en Barcelona? (jugar, ver)
13. Si acepto la oferta de Uds., ¿cuánto dinero me ________________? (dar, leer)
14. ¿________________ tus padres aquí para las vacaciones? (venir, jugar)
15. Mis amigos, Ana y Javier, ________________ a Perú en abril. (tomar, viajar)
16. ¿________________ Alberto Salazar en el Maratón de Boston este año? (correr, sentarse)
17. Si Carlos me llama, yo le ________________ lo que pienso. (escribir, decir)
18. Para la cena, tu jefe ________________ aquí y nosotros allí. (sentarse, levantarse)

NOMBRE____ FECHA____________________

Actividad D: The Conditional. Complete each of the following sentences by choosing the logical verb and writing its appropriate conditional form.

1. —Te quiero.

   —No sé qué ________________ sin ti. (vivir, hacer)

2. —¿Crees que Juan acepte el trabajo si le ofrecen un buen sueldo?

   —Creo que Juan lo ________________. (aceptar, dar)

3. —¿Cuando llegan Jorge y Elisa?

   —Nos dijeron que ________________ mañana. (llover, venir)

4. —No sé qué hacer, Alicia no me cree.

   —En tu lugar, yo ________________ con ella. (hablar, jugar)

5. —¿Dónde trabajará Fernando el año que viene?

   —Con los estudios que tiene, Fernando ________________ trabajar en muchas compañías. (poner, poder)

6. —¿Compraste los discos?

   —No, me dijo Tomás que él los ________________. (vender, comprar)

7. —¿Dónde ________________ mamá mis medias? (poner, ser)

   —En la maleta verde.

8. —¿Qué harías tú, escribirle o llamarlo?

   —Yo le ________________. Es mejor tener una copia escrita de lo que le dijiste. (llamar, escribir)

9. —¿Adónde les gustaría ir a mis padres, a Cancún o a Acapulco?

   —________________ Cancún. (preferir, ir)

10. —Hoy es el cumpleaños de María. ¿Qué piensas que sea mejor, una blusa o unos pantalones?

    —Como es invierno, creo que María ________________ un suéter bonito. (tener, querer)

11. —¿Aceptaste el dinero?

    —No, le dije que nosotros lo ________________. (querer, pensar)

12. —¿Escribiste el curriculum?

    —No, Marisol me dijo que me ________________. (ayudar, hacer)

13. —Tengo la noche libre y no sé que hacer.

    —En tu lugar, yo ________________ al cine. (ir, ver)

14. —Buenos días. ¿El proyecto está en mi escritorio?

    —Todavía no, pero me dijeron que lo ________________ hoy. (terminar, tomar)

NOMBRE________________________ FECHA____________

Actividad G: Miniconversations. Read each of the following conversations and choose the letter of the logical response.

1. —¡Qué suerte tienes!
—¿Por qué?
—Ganaste cien millones de dólares.

—________________

a. No me tomes el pelo.
b. Te sacó de un apuro.
c. Le tienes fobia.

2. —Ayer vi el diamante más grande del mundo.
—¿Y te gustó?

—________________

a. Pues, me dejó boquiabierto.
b. Pues, fue pura casualidad.
c. Pues, te va a salir caro.

3. —Buenos días, señorita.
—Quisiera comprar un rollo.

—________________

a. ¿Para qué pila?
b. ¿Para qué lentes de contacto?
c. ¿Para qué cámara?

4. —Sacamos muchas fotos durante el viaje.
—Me gustaría verlas.

—________________

a. No las he contratado.
b. No las he revelado.
c. No las he rellenado.

5. —Tengo que ir al oculista.
—¿Qué te pasa?

—________________

a. Necesito anteojos.
b. Necesito la diapositiva.
c. Necesito el sueldo.

6. —¿Qué te gustó más?
—El final de la película.

—________________

a. Sí, fue lo mejor.
b. Sí, fue el mejor.
c. Sí, fue la mejor.

7. —No tengo dinero para ir a México con mis amigos.
—¿Y si ellos te invitan?

—________________

a. Iba con ellos.
b. Fue con ellos.
c. Iré con ellos.

8. —¿Conoces al esposo de Ángela?
—Sí, y es mucho mayor que ella.

—________________

a. ¿Cuántos años tenía?
b. ¿Cuántos años tendrá?
c. ¿Cuántos años tendría?

9. —Ese profesor nos enseña muy bien, ¿no?

—________________

a. Sí, para que aprendamos.
b. Sí, hasta que aprendimos.
c. Sí, cuando aprendamos.

10. —Estoy feliz, ya tengo un empleo.
—¿Ya empezaste a trabajar?

—________________

a. No, todavía no he llenado la solicitud.
b. No, todavía no he firmado el contrato.
c. No, todavía no he recibido el sueldo.

11. —¿Sabes que ellos ya no viven en el mismo apartamento y que él tiene otra novia?

—________________

a. Le tomas el pelo, ¿no?
b. Resultó ser amable, ¿no?
c. Te gustan los chismes, ¿no?

12. —Me llamó Roberto de Madrid.
—¿Qué dijo?

—________________

a. Que él venga hoy.
b. Que vengo hoy.
c. Que vendría hoy.

13. —Hoy en día la conservación del medio ambiente es muy importante.
—Estoy de acuerdo.

—________________

a. Sí, es lo más importante.
b. Sí, es la más importante.
c. Sí, es el más importante.

14. —¿Te vas a casar en junio?
—Sí, y mis padres van a ir a Buenos Aires ahora.

—________________

a. ¿Cómo? ¿Antes de que se casen ellos?
b. ¿Cómo? ¿Antes de casarlo?
c. ¿Cómo? ¿Antes de que te cases?

15. —Era tarde cuando volvieron.
—¿Qué hora era?

—________________

a. Sean las ocho.
b. Serían las ocho.
c. Serán las ocho.

16. —Jorge quiere que lo llames.
—¿Cuándo?

—________________

a. Cuando estás llegando a casa.
b. Cuando llegues a casa.
c. Cuando llegas a casa.

17. —Me encantó el final de esta película.
—¿Qué pasa al final?
—Se va el criminal ________________

a. sin que el policía lo vea.
b. sin verlo el policía.
c. sin ver el policía.

18. —Hoy tengo el día libre.
—¿Libre? ¿Por qué no estás en la oficina?

—________________

a. Ayer me despidieron.
b. Ayer me solicitaron.
c. Ayer me lo rellenaron.

19. —¿Cómo crees que debemos avisarle a Juanita?
—Pues, mándenle un telegrama.

—________________

a. Bueno, hemos ido a mandarlo.
b. Bueno, iríamos a mandarlo.
c. Bueno, iremos a mandarlo.

NOMBRE____ FECHA______________________

Actividad H: Cloze Paragraph. Complete the following ad from a help wanted section of the newspaper by writing the appropriate words.

Se necesita empleado que sepa algo de música para __________________ ayude a los clientes en la tienda Musicolandia. Es preferible que __________________ experiencia y título universitario en música. El candidato deberá rellenar una __________________, presentar su curriculum y dos cartas de __________________. Lo más importante es que __________________ responsable y que pueda __________________ sin supervisión. Los candidatos __________________ que venir a una entrevista con el jefe, cualquier día por la mañana antes de __________________ se abra la tienda. __________________ mejor es que lleguen antes de __________________ ocho. También sería posible hacer las __________________ durante el día. Solicite Ud. el puesto antes que nada. ¿__________________ este puesto la gran oportunidad de su vida?

Actividad I: Cloze Monologue. Complete the following monologue by a mother who is fed up with her teenage kids by inserting the appropriate words.

¡Mena! ¡Mario! Hijos, ¿dónde están? Estos hijos míos son __________________ problema. Salí a casa de unos amigos y ahora regreso y no __________________ encuentro. Y la casa, ¡qué desastre! Les dije que podían __________________ al cine, pero también les __________________ que antes de que __________________ deberían limpiar sus habitaciones. Hay comida __________________ todas partes, __________________ con Coca-Cola y platos de papel. ¿Harían una __________________? ¿__________________ pasaría aquí? Generalmente, ellos no invitan a sus amigos a __________________ que yo lo sepa. Pero creo que debo comprender que ya no __________________ niños; son adolescentes que quieren __________________ independientes. Sin embargo, ya es la medianoche y no están en casa. ¿Irían al cine? ¿Cuándo volverán? ¿Pensarán que yo voy a __________________ la casa? No, cuando __________________ van a limpiarla ellos.

NOMBRE______________________________ FECHA__________________

CAPÍTULO 17

Actividad A: *El arte.* Write the appropriate art-related word.

1. No es original. __________________
2. *Las meninas* de Velázquez es un cuadro famoso en todo el mundo. Velázquez pintó muchos cuadros, pero *Las meninas* es su __________________.
3. En clase muchos estudiantes hacen esto con lápiz y papel cuando la clase es aburrida. __________________
4. Salvador Dalí fue un __________________ surrealista español que murió en el año 1989.
5. En el cuadro *Antes de jugar* de Claudio Bravo hay un grupo de jugadores de fútbol que están vistiéndose. Es una __________________ con mucha acción que parece muy realista.
6. Son cuadros que no tienen personas ni paisajes. Normalmente son de frutas y otros objetos. __________________
7. *La Venus de Milo* es una __________________ muy famosa.
8. No es una copia, es __________________.
9. Pablo Picasso fue pintor y __________________. Hay una escultura de Picasso en Chicago.
10. Es un cuadro de una persona. __________________

NOMBRE________________________________ FECHA____________________

Actividad B: ***El amor.*** Complete each of the following sentences by writing the appropriate word.

1. En una boda, las dos personas que se casan se llaman los ______________.
2. En mi telenovela favorita, Carlos y María están casados, pero María también sale con Fernando. Fernando es su ______________.
3. En mi telenovela favorita, Carlos y María están casados, pero María también sale con Fernando. Fernando y María tienen una ______________ ______________.
4. Juan y Gloria se van a casar. Están ______________.
5. Es el órgano más importante del cuerpo humano. También, es el símbolo del día de los enamorados. Es el ______________.
6. En mi telenovela favorita, cuando Carlos supo de la aventura amorosa de su esposa, ellos ______________ ______________. Ahora ella puede casarse con su amante, Fernando.
7. Mi esposa es muy ______________. No puedo ni mirar a otra mujer.
8. Carmen y Félix son la ______________ perfecta.¡Están tan contentos!
9. Laura ama a Ricardo, pero Ricardo la ______________. No la puede ni ver.
10. No sé por qué se van a casar; no dejan de ______________ todo el día. Cuando empiezan a gritar se puede oír todo en la calle.
11. No se divorciaron, pero tampoco viven juntos. Ellos ______________ ______________.
12. Juan está ______________ porque Marta, su ex novia, está bailando con otro.
13. Mi padre se murió y ninguno de mis hermanos está en casa, por eso visito a mi madre todos los días. No le gusta la ______________.
14. Mi padre conoció a mi madre en una estación de autobuses; dijo que ______________ ______________ de ella allí mismo y sabía que un día iba a casarse con ella.

NOMBRE________________________ FECHA____________

Actividad C: *Preguntar* vs. *Pedir*. Complete each of the following sentences by writing the appropriate form of the verbs **pedir** or **preguntar**.

1. Le voy a ______________ dónde está el banco.
2. Él me ______________ si quería casarme con él.
3. Ellos me ______________ que trajera a los niños.
4. Te ______________ que me ayudes.
5. Ella me ______________ si sabía tu número de teléfono.
6. Ella me ______________ tu número de teléfono.
7. Perdón, yo le ______________ una chuleta de cordero, no de ternera.
8. Les voy a ______________ cuánto dinero tienen.
9. Después del accidente, ellos me ______________ ayuda.
10. Ellos siempre me ______________ ayuda, y como idiota siempre hago lo que puedo.
11. Te tengo que ______________ cuántos años tienes.
12. Ellos me ______________ si quería ir al cine.
13. —¡Camarero!

    —Sí, ¿qué van a ______________?
14. Uds. ______________ una tortilla, ¿no?
15. Mi novio me ______________ cuándo íbamos a volver.
16. Carlos ______________ mucho en clase. Siempre quiere saberlo todo.
17. Les voy a ______________ dinero a mis padres.

NOMBRE______________________________ FECHA______________

Actividad D: The Imperfect Subjunctive. Complete each of the following sentences by writing the appropriate present, present perfect, or imperfect subjunctive form of the indicated verb.

1. Diana dudaba que a Álvaro le ______________ el arte. (gustar)
2. Busco una persona que ______________ hablar italiano. (saber)
3. Le dije que ______________. (ir)
4. Es posible que Gonzalo ______________ ______________ ya. (llegar)
5. Nos aconsejó que ______________ en esta universidad. (estudiar)
6. Era necesario que mi padre ______________ la oferta de trabajo en Cali. (aceptar)
7. Es importante que tú me ______________. (entender)
8. Buscaba una persona que ______________ experiencia con computadoras. (tener)
9. Es necesario que el Sr. Escobar me ______________ pronto. (llamar)
10. Los niños no creían que Papá Noel ______________, pero no nos dijeron nada. (existir)
11. Miguel Littín quería que Pinochet ______________ las elecciones. (perder)
12. Necesitas un marido que ______________ viajar mucho. (querer)
13. Queremos que ellos ______________ ______________. (casarse)
14. Ellos salieron de la ciudad sin que nadie los ______________. (ver)
15. Ellos me pidieron que les ______________ un helado. (comprar)
16. Es probable que Fernando y Victoria ya se ______________ ______________ de vacaciones. (irse)
17. Era mejor que ellos ______________ ______________ porque peleaban como perros y gatos. (divorciarse)
18. ¿Crees que Pablo ______________ razón? (tener)
19. Te aconsejé que no ______________ con ese chico. (salir)

NOMBRE________________________ FECHA________________

Actividad E: Reciprocal *se*. Rewrite each of the following sentences using the reciprocal se.

1. Él la besa y ella lo besa.

____

2. Yo lo miro y él me mira.

____

3. Ella lo odia y él la odia.

____

4. Yo la abrazo y ella me abraza.

____

5. Ella lo amaba y él la amaba.

____

6. Él le escribía y ella le escribía.

____

7. Él la estaba besando y ella lo estaba besando cuando los vieron.

____

8. Yo lo quiero y el perro me quiere también.

____

NOMBRE________________________________ FECHA____________________

Actividad F: Hypothetical Situations. Complete each of the following hypothetical situations with the appropriate present indicative, future, conditional, or imperfect subjunctive form of the indicated verb.

1. Si tuviera más tiempo, yo ________________ más. (estudiar)
2. Si fuéramos más inteligentes, no ________________ aquí ahora. (estar)
3. Si Juanita ________________ enamorada, me casaría con ella ahora mismo. (estar)
4. Si tú ________________ encontrar un trabajo en Quito, no tendríamos problemas. (poder)
5. Si yo ________________ tiempo, te llamaré. (tener)
6. Si él viene a Managua mañana, te ________________. (visitar)
7. Si nosotros ________________ una pizza, te invitaremos. (hacer)
8. Si mi marido ________________ una aventura amorosa, me divorciaría de él. (tener)
9. Ellos ________________ más felices si no tuvieran tantos problemas con sus hijos. (ser)
10. Si a ellos les ________________ el trabajo, van a vivir en Zamora. (ofrecer)
11. Si ellos ________________ español, podrían entender al guía turístico. (saber)
12. Si yo ________________ mucho, sacaré una nota buena. (estudiar)
13. Si nosotros ________________ un carro nuevo, no estaríamos en este garaje ahora mismo. (tener)
14. ________________ más partidos si practicáramos más. (ganar)
15. Si yo escribo la composición mañana, ________________ contigo el sábado. (salir)
16. Si yo ________________ solo, tendría que pagar mucho más dinero en alquiler. (vivir)
17. Si yo ________________ millones de dólares, compraría cuadros de Claudio Bravo. (tener)
18. Si terminamos de trabajar temprano esta noche, ________________ en el bar El Coco Loco. (estar)
19. Si nosotros ________________ más dinero, podríamos comprar una casa. (ganar)

NOMBRE____________________ FECHA____________

Actividad G: Miniconversations. Read each of the following conversations and choose the letter of the logical response.

1. —El presidente va a ir a Rusia.
   —¿Cómo lo sabes?
   —__________

   a. Porque ayer dejaron de decir la noticia.
   b. Porque ayer dieron a conocer la noticia.
   c. Porque ayer volvieron a esperar la noticia.

2. —¿Sabes? Compré un carro nuevo.
   —Ah sí, ¿y cuándo te lo dan?
   —__________

   a. Mañana, no veo la hora de manejarlo.
   b. Mañana, por pura casualidad.
   c. Mañana no vale la pena.

3. —¿Quieres que vaya de compras contigo?
   —Sí, pero ¿cuando vas a estar listo?
   —__________

   a. De acuerdo.
   b. A lo mejor.
   c. En seguida.

4. —¿Nunca te vas a casar?
   —No sé. Todavía busco una esposa.
   —¿Y las condiciones?
   —__________

   a. Que tendrá dinero.
   b. Que tenga dinero.
   c. Que tiene dinero.

5. —¿Qué lees con tanto interés?
   —Un libro de economía. ¿Lo leerías tú?
   —__________

   a. Sí, si tenía tiempo.
   b. Sí, si tengo tiempo.
   c. Sí, si tuviera tiempo.

6. —Por favor, dímelo.
   —Es que Carmen me pidió . . .
   —¿Qué te pidió?
   —__________

   a. Que no te lo dijera.
   b. Que no te lo ha dicho.
   c. Que no te lo digo.

7. —Me molesta mucho que siempre llegues tarde.
   —Pero no importa tanto.
   —__________

   a. Ojalá que no me molestara.
   b. Ojalá que no me moleste.
   c. Ojalá que no me haya molestado.

8. —No puedo dormir porque tengo mucha tos.
   —Pues, tómate este jarabe.
   —¿Para qué?
   —__________

   a. Para que hayas dormido bien.
   b. Para que durmieras bien.
   c. Para que duermas bien.

9. —Ya cenaron, ¿verdad?
   —¡Qué va! No fue posible.
   —¿Qué no fue posible?
   —__________

   a. Que cenáramos.
   b. Que cenábamos.
   c. Que cenamos.

10. —¡Pobre Inés! Ayer tuvo que ver al médico.
    —¿Qué le recomendó?
    —__________

    a. Que come verduras.
    b. Que comiera verduras.
    c. Que ha comido verduras.

11. —Alicia me hizo un favor.
    —¿Cómo? ¿Alicia haciendo favores?
    —__________

    a. Sí, se lo repetí.
    b. Sí, se lo pedí.
    c. Sí, se lo pregunté.

12. —Mamá no sabía que mi hermanito tuviera novia.
    —¿Ahora sabe?
    —__________

    a. Sí, vio que ellos se besaban.
    b. Sí, vio que ellos los besaban.
    c. Sí, vio que ellos la besaban.

13. —Aquel chico parece muy joven.
—Quisiera saber cuántos años tiene.

—________________

a. Pues, contéstale.
b. Pues, pídele.
c. Pues, pregúntale.

14. —¿Sabes? Ayer vi a Juan Luis.
—¿Todavía estás enojada con él?

—________________

a. No, ya nos hablaron.
b. No, ya nos hablamos.
c. No, ya nos hablan.

15. —¿Vamos a tomar una cerveza?
—Gracias, pero no puedo.
—¿Por qué?

—________________

a. Porque mi novio tiene celos de ti.
b. Porque mi novio tiene un compromiso contigo.
c. Porque mi novio tiene cariño por ti.

16. —Tienen un regalo para ti.
—¡Para mí! ¿Por qué?

—________________

a. Por supuesto.
b. Por eso.
c. Por algo será.

17. —Pobre Camila.
—Sí, sus padres no se llevan bien.

—________________

a. Ojalá que no se quieran.
b. Ojalá que no se divorcien.
c. Ojalá que no se enamoren.

18. —¿Te gusta este cuadro?
—Sí, los árboles, el río y las montañas están muy bien pintados.

—________________

a. De veras es un bodegón muy bonito.
b. De veras es una estatua muy bonita.
c. De veras es un paisaje muy bonito.

19. —Parece que mi primo y su novia están muy enamorados.
—Sí, pero yo dudo que . . .
—¿Qué dudas?

—________________

a. Que se casaran.
b. Que se casen.
c. Que se casarían.

20. —¿Leíste en el periódico que trajeron una pintura muy famosa al Nacional?
—Sí, ¿y tú ya la viste?

—________________

a. No, esta tarde voy al museo para verla.
b. No, esta tarde voy al teatro para verla.
c. No, esta tarde voy al mercado para verla.

NOMBRE____ FECHA____________________

Actividad H: Cloze Paragraph. Complete the following note left by a daughter for her mother by writing the appropriate words.

Mamá, ________________ favor no me esperes ________________ noche para cenar. Espero que no ________________ moleste. Todo el día estuve muy ________________. Mi jefe me pidió que ________________ al museo por él para hacerle una entrevista a un pintor famoso que ________________ de llegar. ________________ malo fue que mi jefe me dijo que le preguntara sobre su vida personal como si yo ________________ amiga del pintor. Le dije que no lo________________. Por eso, me despidió. ¡Ay! Casi ________________ me olvida decirte que no vengo a cenar esta noche ________________ a las siete Andrés y yo ________________ vamos a casar y en seguida nos vamos a Europa. No veo la hora ________________ casarme. Andrés y yo ________________ queremos tanto. Te llamaré cuando ________________ de Europa. Un beso, Marta.

Actividad I: Cloze Paragraph. Complete the following personal ad by writing the appropriate words.

Hombre que vive solo ________________ una mujer que quiera salir ________________ él. Me llamo Mauricio. Soy alto, gordo, con poco pelo y ________________ gafas. Preferiría conocer a una mujer que ________________ más alta que yo, bonita, que ________________ dinero, y que no ________________ comprometida. Y además, me gustaría que ________________ tratara como si yo ________________ una persona muy especial para ella. Poco a poco ________________ conoceremos. Prometo que la llevaré ________________ teatro, a fiestas y a ________________ mejores restaurantes, y claro, yo siempre invitaré. Si Ud. tiene interés en una amistad platónica le pido que ________________ al 324-66-77 y ________________ por Mauricio.

Actividad J: Cloze Monologue. Complete the following monologue by a museum tour guide by writing the appropriate words.

Y ahora, señores y señoras, entremos en el museo de arte. Primero pasaremos por la sala donde ________________ la exposición del pintor El Greco. Les ________________ que pregunten lo que quieran para que entiendan mejor el arte de este gran ________________. Aunque El Greco no era ________________ España, se conoce como uno de los mejores pintores ________________. Como Uds. verán, El Greco ________________ principalmente escenas religiosas y retratos. Uds. ven ________________ en sus cuadros los cuerpos son muy largos. Algunas personas dicen ________________ El Greco estaba enfermo de los ojos y veía las cosas como si ________________ muy largas. Otras ________________ dicen que él quería que sus pinturas ________________ muy espirituales y, por eso, pintaba así. Nunca sabremos ________________ era la verdad. En seguida iremos a otras salas. Ojalá que les ________________ gustado los cuadros de El Greco.

NOMBRE____ FECHA_________________________

CAPÍTULO 18

Actividad A: Vocabulary. Circle the word that does not belong in each of the following groups.

1. democracia, fascismo, socialismo, anarquía
2. protesta, senado, huelga, manifestación
3. elecciones, campaña, militares, candidato
4. voto, dictadura, militares, golpe de estado
5. congresista, presidente, primer ministro, dictador
6. guerrillero, militares, fuerzas armadas, juez
7. senado, manifestación, congreso, Corte Suprema
8. libertad de prensa, comunismo, dictadura, fascismo
9. democracia, voto, censura, partido
10. alcaldesa, juez, huelga, senador

NOMBRE______________________________ FECHA__________________

Activity B: Miniconversations. Read each of the following conversations and write the letter of the logical response.

1. —Hace dos semanas que los trabajadores dejaron de trabajar.
—¿Por qué?
—________________

a. Porque están en el congreso.
b. Porque están votando.
c. Porque están en huelga.

2. —Dentro de poco vamos a tener elecciones.
—¿Cuándo son?
—________________

a. Después de dos años.
b. La semana que viene.
c. El año 2.000.

3. —Nosotros somos buenos ciudadanos.
—Entonces, ¿van a votar Uds.?
—________________

a. Desde luego.
b. Al fin y al cabo.
c. Ni siquiera.

4. —Claro que preferimos la democracia porque . . .
—¿Uds. no quieren qué?
—________________

a. Que haya censura de prensa.
b. Que hay censura de palabra.
c. Que hubiera censura de religión.

5. —¿Alguna vez han tomado los militares el gobierno de tu país?
—No, ¿y en el tuyo?
—________________

a. Sí, una vez tuvimos capitalismo.
b. Sí, una vez tuvimos anarquía.
c. Sí, una vez dieron un golpe de estado.

6. —Yo limpiaría esta ciudad.
—¿Cómo la limpiarías?
—________________

a. Muy fácilmente, si fuera el dictador.
b. Muy fácilmente, si fuera el alcalde.
c. Muy fácilmente, si fuera el gobernador.

7. —Cuando lleguemos a la ciudad de México, quiero ir directamente al hotel.
—¿Se van a quedar en el hotel María Isabel?
—________________

a. No, allí no tuvieron habitación.
b. No, allí no tenían habitación.
c. No, allí no han tenido habitación.

8. —¡Qué hambre tengo!
—Yo también.
—¿Me invitas a McDonald's?
—________________

a. No puedo, ni siquiera tengo un dólar.
b. No puedo, desde luego tengo un dólar.
c. No puedo, mientras tanto tengo un dólar.

9. —Ayer compré una lavadora nueva.
—¿Ya te la trajeron?
—________________

a. Sí, todavía.
b. Ya no.
c. Todavía no.

10. —¿Sabes? Sí, es verdad.
—¿Qué es verdad?
—________________

a. Que Claudia y Juan Carlos se casen.
b. Que Claudia y Juan Carlos se casan.
c. Que Claudia y Juan Carlos se están casando.

11. —Estoy buscando trabajo.
—¿Qué tipo de empleo?
—________________

a. Uno que pague bien.
b. Uno que paga bien.
c. Uno que haya pagado bien.

12. —¿Estás enfermo?
—No, estoy muerto de cansancio.
—________________

a. Yo también, no puedo más.
b. Yo también, vale la pena.
c. Yo también, sin embargo.

13. —¿Quieres que pidamos pizza?
—Sí, ¿cómo quieres la tuya?

—____________________

a. Que no haya tenido cebolla.
b. Que no tiene cebolla.
c. Que no tenga cebolla.

14. —¡Pobre Jaime! No pudo tomar el examen.
—¿Por qué?

—____________________

a. Tenía dolor de pies.
b. Tenía el brazo roto.
c. Tenía tos.

15. —No voy a asistir a clase mañana.
—¿Ya le pediste permiso al profesor?

—____________________

a. Sí, ya se lo pedí.
b. Sí, ya me la pedí.
c. Sí, ya les pedí.

16. —Me voy a Ecuador de vacaciones, ¿y Uds.?

—____________________

a. Queríamos ir al Caribe, pero nos importan 500 dólares.
b. Queríamos ir al Caribe, pero nos parecen 500 dólares.
c. Queríamos ir al Caribe, pero nos faltan 500 dólares.

Activity C: Cloze paragraphs.

1. Complete the following political ad for Anacleto Paredes by writing the appropriate words.

Dentro ______________ poco serán las elecciones. Todo ciudadano debe ______________ en las próximas elecciones. Si Ud. ______________ que tengamos una vida mejor, vote por el ______________ de La Unión Central, Anacleto Paredes. El gobierno tiene programas para que los ricos ______________ más dinero, sin embargo cada día los pobres son más ______________. Hasta hoy, todavía hay problemas de contaminación aunque el gobierno nos ______________ dicho que tendríamos aire limpio. Y nuestros hijos no van ______________ la escuela a menos ______________ sus padres paguen mucho dinero. Todos decimos, "______________ que tuviéramos un buen gobierno," y lo podemos tener. Vote ______________ Anacleto Paredes, para que sus hijos ______________ un futuro mejor. Vote por Anacleto Paredes, antes de que ______________ demasiado tarde.

2. Complete the following conversation by writing the appropriate words.

—¡Oye, Francisco! No me vas a creer lo que ______________ en un periódico.

—A ver, ¿qué es ______________ increíble?

—Leí en un periódico de diciembre de 1989 que un hombre árabe compró una casa elegantísima en la Florida para que ______________ allí miles de gatos.

—¿Cómo? O me estás tomando el ______________ o es un chisme.

—No, no. ______________ cierto.

—Entonces, ______________ casualidad, ¿no leerías eso en el ______________?

—¡Qué va! El artículo ______________ en un periódico viejo que alguien ______________ dejado en el metro y lo leí por pasar el tiempo.

—¿Y qué más decía el ______________?

—Decía que este millonario ______________ que Julio Iglesias le vendiera su mansión porque la de él no ______________ suficientemente grande para todos los ______________.

—Bueno, ______________ está bien. Basta ______________ mentiras.

—No, es la ______________. Te lo prometo.

3. Complete the following critique of the play *A la luz de la luna* by typing the appropriate words.

Anoche a las ocho de la ______________ se presentó por primera ______________ el drama *A la luz de la luna* en el Teatro Cursidrama. *A la luz de la luna*, es de un ______________ desconocido, pero es la ______________ maestra de este año. El trabajo de los actores fue excelente. Pepita Lunar ______________ la perfecta Ella y parecía como si ______________ en el parque solamente esperando a ______________ llegara él. Él era Tomasillo del Sol, el actor romántico famosísimo ______________ rompe el corazón de las mujeres del país. No hay ______________ de que la mejor actriz fue la luna que estaba allí antes de que ellos

_________________ conocieran. Pero, ¿cuál es la acción del drama? Es obviamente el drama maravilloso que _________________ ocurrido siempre entre mujer y hombre durante toda la historia. Los dueños del teatro creen que _________________ posible que este drama _________________ el mejor drama del año y creen que el teatro _________________ millones de pesos. Les aconsejo a todos que _________________ este drama magnífico que se presentará por muchas semanas a _________________ ocho y a las diez de la noche, todos los _________________ excepto _________________ lunes. Lleve Ud. a sus hijos, especialmente a los adolescentes, para que _________________ un verdadero drama de _________________.

4. Complete the following conversation by writing the appropriate words.

—¿Qué hay, Lucía? _________________ fin se acaba el semestre. ¿Ya terminaste los exámenes?

—¡Ojalá! Todavía me _________________ dos. Y cuando _________________, quiero dormir el resto de mi vida. ¿Y tú?

—Pues no más estudios para _________________. Tú no te has graduado, ¿verdad?

—No, _________________ falta un semestre. ¿_________________ piensas hacer?

—Pues, ya _________________ buscando empleo. Quiero un trabajo en que pueda _________________ por todo el mundo y en un lugar donde no _________________ frío. Ya no puedo _________________ con el frío del norte. Mañana tengo una entrevista en el departamento internacional de un banco y a _________________ mejor me dan este trabajo. Hace dos semanas completé la _________________ y ayer me llamaron para que _________________ a la entrevista.¡Oye! Hazme un favor. Sácame de un _________________ y déjame llevar tu bolso de cuero negro a la _________________.

—¡Cómo no! Pero si _________________ quieres, tienes que pasar por mi apartamento esta tarde o mañana, antes de _________________ yo salga para mi último examen.

5. Complete the following last will and testament by writing the appropriate words.

Yo, Alejandro Preciado, quiero que, _________________ me muera, todo _________________ que tengo vaya a las siguientes personas. Para _________________ querida esposa, Pancracia, mi silla favorita, los 500 dólares _________________ tengo en una cuenta de banco, y mi tarjeta de _________________ para que _________________ gastar los 500 dólares. A mi hijo mayor, que nunca quiso estudiar y siempre me _________________ dinero, le dejo el libro *Cómo hacerse millonario*. Ojalá que _________________ tiempo de leerlo mientras cambia _________________ esposas. Todas mis medicinas que _________________ en el cuarto de baño son para mi hija, Paquita, que cuando _________________ niña siempre decía que _________________ enferma y creía que se _________________ a morir muy joven. Le aconsejo que _________________ tome todos los días. Finalmente, para mi amiga, Lolita, los 100.000 dólares que tengo _________________ de la cama, mi casa de la ciudad y _________________ de la playa. _________________ que ella reciba esto porque ella me cuidaba cuando yo _________________ enfermo. Ésta es mi última voluntad.

ANSWER KEY

CAPÍTULO PRELIMINAR

Actividad A: The Missing Word. 1. te 2. se 3. Cómo 4. Me 5. dónde 6. soy 7. de 8. es 9. De 10. llama 11. llamas

Actividad B: Countries. 1. España 2. Argentina 3. Perú 4. Chile 5. Paraguay 6. Uruguay 7. Ecuador 8. Bolivia 9. Venezuela 10. Colombia 11. Panamá 12. El Salvador 13. Honduras 14. Guatemala 15. Nicaragua 16. Costa Rica 17. México 18. Cuba 19. Puerto Rico 20. (La) República Dominicana 21. Los Estados Unidos 22. Italia 23. Inglaterra 24. Alemania 25. Canadá 26. Francia 27. Portugal

Actividad C: Capitals. 1. Madrid 2. Buenos Aires 3. (Ciudad de) México 4. Guatemala 5. San Salvador 6. Tegucigalpa 7. Managua 8. San José 9. Panamá 10. Bogotá 11. Caracas 12. Quito 13. La Paz/Sucre 14. Asunción 15. Montevideo 16. Lima 17. Santiago 18. Ottawa 19. París 20. Londres 21. Roma 22. Lisboa

Actividad D: Spelling. 1. jota 2. ele 3. efe 4. ge 5. hache 6. elle / doble ele 7. eñe 8. ere 9. te 10. equis 11. zeta 12. be / be larga / be grande / be de burro 13. uve / ve chica / ve corta / ve de vaca 14. i griega / ye 15. doble ere / erre 16. che / ce hache 17. de 18. pe 19. cu 20. ese 21. ce

Actividad E: Accents. 1. no 2. sí 3. no 4. sí 5. no 6. no 7. sí 8. sí 9. sí 10. sí 11. sí 12. sí 13. sí 14. sí 15. no 16. sí 17. no 18. sí

Actividad F: Cloze Conversations. 1. se, llamo, Ud., dónde, Soy, Y, de 2. Cómo, gracias, tú 3. Cómo, Me, llamo, De, eres, de, tú, Soy 4. Ud., Estoy, Y

CAPÍTULO 1

Actividad A: Numbers. 1. noventa y cuatro 2. diecisiete / diez y siete 3. setenta 4. doce 5. veinticuatro / veinte y cuatro 6. cincuenta y cinco 7. quince 8. cuarenta 9. diecinueve / diez y nueve 10. trece 11. ochenta y seis 12. once 13. veinte 14. noventa 15. catorce 16. cincuenta 17. cien 18. dieciséis / diez y seis 19. ochenta 20. dieciocho / diez y ocho 21. sesenta 22. veintiséis / veinte y seis 23. treinta y dos 24. veintiuno / veinte y uno 25. cuarenta y tres 26. sesenta y siete 27. setenta y ocho 28. treinta

Actividad B: Occupations. 1. actor/actriz 2. hombre/mujer de negocios 3. ama de casa 4. dentista 5. médico/doctor/doctora 6. camarero/camarera 7. economista 8. recepcionista 9. programador/programadora de computadoras 10. atleta 11. secretario/secretaria 12. agente de viajes 13. estudiante/profesor/profesora 14. abogado/abogada

Actividad C: Verbs - Singular Forms. 1. tienes 2. es 3. se llama 4. tiene 5. soy 6. tiene 7. es 8. te llamas 9. es 10. se llama 11. es 12. tengo 13. me llamo 14. eres 15. se llama 16. tiene 17. es 18. tiene 19. eres 20. tiene 21. es 22. tiene 23. soy 24. es

Actividad D: Verbs - Singular and Plural. 1. eres 2. tiene 3. se llama 4. sois 5. se llama 6. tienen 7. soy 8. se llaman 9. es 10. tenemos 11. son 12. te llamas 13. es 14. tienes 15. se llaman 16. son 17. os llamáis 18. tenemos 19. se llaman

Actividad E: Question Words. 1. Cuántos 2. Cómo 3. De dónde 4. Cuántos 5. Cuál 6. De dónde 7. Cómo 8. Qué 9. Qué 10. quién 11. de dónde 12. Cuál 13. cómo

Actividad F: Information Questions and Answers. 1. (Mi madre/Ella) Tiene + *age* + años. 2. Me llamo + *your name.* 3. (Yo) Soy de + *city, state, or country.* 4. (Yo) Tengo + *age* + años. 5. (Mi número de teléfono) Es + *telephone number.* 6. (Tomás/Él) Tiene + *age* + años. 7. (Ella) Se llama + *woman's name.* 8. (Paco/Él) Es de + *city, state, or country.* 9. *Name* + *name* + son de Bolivia. 10. (Fernando y Jorge/Ellos) Son de + *city, state, or country.* 11. (Ellos) Se llaman + *2 or more names including at least one man's name.* 12. (Mi padre/Él) Tiene + *age* + años. 13. (Yo) Soy de + *city, state, or country.* 14. (Ella) Tiene + *age* + años. 15. (Nosotros) Somos de + *city, state, or country.* 16. (Ellas) Se llaman + *2 or more women's names.* 17. (Mi madre/Ella) Es de + *city, state,* *or country.* 18. (Yo) Me llamo + *your name.* 19. (María/Ella) Es de + *city, state, or country.* 20. (Mi padre/Él) Se llama + *your father's name.* 21. (Ana y Luisa/Ellas) Son de + *city, state, or country.* 22. (Yo) Soy de + *city, state, or country.* 23. (Él) Es + *man's name.* 24. (Ella) Es + *woman's name.* 25. (Ellos) Son de + *city, state, or country.* 26. (Mi madre/Ella) Se llama + *your mother's name.* 27. (Yo) Soy de + *city, state, or country.* 28. (Mi padre/Él) Es de + *city, state, or country.* 29. (Mi padre/Él) Tiene + *age* + años. 30. (Nosotros) Somos de + *city, state, or country.*

Actividad G: Questions and Affirmative Answers. 1. Sí, es Ramón. / Sí es él. 2. Sí, (Gonzalo/Él) es de Managua. 3. Sí, (yo) soy de Bogotá. 4. Sí, (yo) soy de Viña del Mar. 5. Sí, (yo) tengo 21 años. 6. Sí, (ellos) tienen 18 años. 7. Sí, (yo) me llamo Margarita.

Actividad H: Questions and Negative Answers. 1. No, (yo) no soy María. / No, (yo) soy + *another name.* 2. No, (yo) no tengo 21 años. / No, (yo) tengo + *another age* + años. 3. No, no son ellas/Paula y Teresa. / No, son + *two other names.* 4. No, (yo) no soy de Colombia. / No, (yo) soy de + *another country.* 5. No, (yo) no me llamo Pablo. / No, (yo) me llamo + *another name.* 6. No, (nosotros) no somos de Argentina. / No, (nosotros) somos de + *another country.*

Actividad I: Miniconversations. 1. b 2. a 3. b 4. c 5. b 6. a

Actividad J: Cloze Paragraph Me, Soy, capital, Soy, años, se, es, negocios, llama, es, de, ama

CAPÍTULO 2

Actividad A: Common Objects. 1. cámara 2. periódico 3. estéreo 4. guitarra 5. perfume 6. calculadora 7. pasta de dientes 8. champú 9. computadora 10. jabón 11. máquina de afeitar 12. radio 13. reloj 14. revista 15. televisor 16. teléfono 17. escritorio 18. novela 19. grabadora 20. máquina de escribir

Actividad B: Class Subjects. 1. matemáticas 2. literatura 3. biología 4. arte 5. inglés 6. historia 7. economía 8. sociología

Actividad C: Common Verbs. 1. nadar 2. bailar 3. comer 4. beber 5. estudiar 6. hablar 7. correr 8. esquiar 9. escuchar 10. cantar 11. escribir 12. leer 13. trabajar 14. mirar

Actividad D: Days of the Week. 1. lunes 2. domingo 3. jueves 4. viernes 5. martes 6. sábado 7. miércoles

Actividad E: *El, la, los* o *las.* 1. la 2. los 3. la 4. el 5. las 6. la 7. la 8. las 9. los 10. el 11. las 12. el 13. la 14. los 15. la 16. el 17. las 18. la 19. el 20. los 21. la 22. el 23. las 24. la 25. el 26. las 27. el 28. el 29. los 30. la 31. el 32. la 33. la 34. el 35. el 36. los 37. la 38. la 39. el 40. los 41. la 42. la 43. el

Actividad F: Singular/Plural. 1. los discos 2. las sillas 3. las ciudades 4. los lápices 5. las naciones 6. los exámenes 7. las ingenieras 8. los hombres 9. las cintas 10. las mesas 11. las novelas 12. las revistas 13. los periódicos 14. las universidades 15. las actrices 16. los doctores 17. los televisores 18. los escritorios 19. las camas

Actividad G: *Gustar* + Article + Noun. 1. les 2. me 3. le 4. te 5. le 6. nos 7. te 8. gusta 9. os 10. gusta 11. le 12. gusta 13. nos 14. les / os 15. gusta 16. les 17. gustan 18. gusta 19. gustan 20. les 21. gustan 22. le

Actividad H: *Gustar* + Infinitive/Article + Noun. 1. le 2. gusta 3. gusta 4. gusta 5. gusta 6. gustan 7. nos 8. gusta 9. gusta 10. les 11. gustan 12. le

Actividad I: *Tener que* + Infinitive. 1. tiene 2. tienes 3. tengo 4. tienes 5. tienen 6. tenéis 7. Tiene 8. Tienen / Tenéis 9. Tienen 10. tengo

Actividad J: *Ir a* + Infinitive. 1. vas 2. va 3. voy 4. Va 5. van 6. Vais 7. vamos

Actividad K: Question/Answer. 1. Sí, (a mi) me gusta bailar. / No, (a mí) no me gusta bailar. 2. Sí, tengo que estudiar esta noche. / No, no tengo que estudiar esta noche. 3. Sí, (a mí) me gusta esquiar. / No, (a mí) no me gusta esquiar. 4. Sí, voy a cantar esta noche. / No, no voy a cantar esta noche. 5. Sí, (nosotros) vamos a trabajar esta noche. / No, (nosotros) no vamos a trabajar esta noche. 6. (A mí) Me gusta más beber Coca-Cola/Pepsi. 7. Sí, (Juan/él) va a comprar una computadora. / No, (Juan/él) no va a comprar una computadora. 8. Sí, (a nosotros/as / a Ana y a mí) nos gusta nadar. / No, (a nosotros/as / a Ana y a mí) no nos gusta nadar. 9. Es de + *name*. / Es mi estéreo.

Actividad L: Miniconversations. 1. c 2. a 3. c 4. a 5. b 6. b 7. b 8. c

Actividad M: Cloze Paragraphs. 1. llamo, de, son, un, el, que, es, vamos, noche, a 2. soy, Me, gusta, a, la, la, gusta 3. que, tengo, mañana, tiene, gusta, trabajar, a, esta, nos, música 4. tiene, va, la, Rico, gusta, un, unos, Tiene, los, universidad

CAPÍTULO 3

Actividad A: Nationalities. 1. Ella es nicaragüense. 2. Ella es africana. 3. Ella es colombiana. 4. Ellos son europeos. 5. Él es guatemalteco 6. Ellos son ecuatorianos. 7. Ella es italiana. 8. Él es brasileño. 9. Ellas son francesas. 10. Ella es panameña. 11. Ellos son paraguayos. 12. Ella es rusa. 13. Él es salvadoreño. 14. Él es chileno. 15. Él es uruguayo. 16. Ellos son venezolanos. 17. Él es alemán. 18. Él es inglés. 19. Ellos son portugueses. 20. Él es irlandés. 21. Él es francés. 22. Ella es irlandesa. 23. Ella es canadiense. 24. Ellos son españoles. 25. Ella es alemana. 26. Ellos son costarricenses. 27. Ellas son peruanas. 28. Él es puertorriqueño. 29. Ellos son ingleses. 30. Ellos son estadounidenses/norteamericanos.

Actividad B: Places. 1. la iglesia 2. el cine 3. la playa 4. el supermercado 5. la escuela / la universidad 6. la librería 7. la biblioteca 8. la oficina 9. la piscina 10. el teatro 11. la tienda 12. la agencia de viajes 13. el restaurante

Actividad C: Antonyms. 1. inteligente 2. bueno 3. antipático 4. joven / nuevo 5. rubio 6. bonito / guapo 7. malo 8. joven 9. delgado / flaco 10. largo 11. bajo 12. estúpido / tonto 13. gordo 14. viejo 15. pequeño 16. simpático 17. feo 18. grande 19. corto 20. alto 21. feo 22. inteligente 23. gordo 24. mayor / viejo 25. moreno

Actividad D: Verb Conjugations. 1. aprendo 2. escriben 3. nadamos 4. necesitan 5. viven 6. vende 7. Estudiáis 8. salgo 9. tocan 10. salimos 11. comemos 12. hablas 13. mirar 14. leer 15. necesita 16. Vive 17. compran 18. bebo 19. Regresáis 20. escribe 21. Bailas 22. Escucha

Actividad E: Verbs with Irregular *yo* Forms. 1. traen 2. conozco 3. sale 4. veo 5. pongo 6. traer 7. ve 8. Conoce 9. traigo 10. Salgo 11. traducimos 12. conoce 13. sé 14. hago 15. Conocéis

Actividad F: *Ser* o *estar*. 1. está 2. está 3. es 4. están 5. son 6. está 7. estamos 8. somos 9. están 10. es 11. soy 12. es 13. estamos 14. sois 15. está 16. estás 17. es 18. estoy 19. están 20. es 21. están 22. es 23. Estáis 24. es 25. está 26. está 27. es 28. es 29. está 30. es 31. es

Actividad G: Adjective Agreement. 1. altas 2. simpáticos 3. aburrida 4. inteligentes 5. guapa 6. cómico 7. gordos 8. feo 9. pequeña 10. delgado 11. alta 12. aburrida 13. preocupada 14. enfermos 15. realistas 16. idealista 17. mis 18. nuestra 19. su 20. tus

Actividad H: Adjective placement. 1. Mi abogado es simpático. 2. Tu doctora está enferma. 3. Mi madre es una ingeniera fantástica. 4. Yo necesito cuatro discos. 5. Ellos tienen muchos amigos. 6. Nosotros tenemos un examen importante. 7. Ella trabaja en una tienda pequeña. 8. Nosotros vamos al cine.

Actividad I: Miniconversations. 1. a 2. c 3. c 4. c 5. a 6. a 7. b 8. b 9. c 10. b

Actividad J: Cloze Paragraphs. 1. baja, gordo, bueno, una, mala, son 2. son, de, es, es, está, lee, profesor, nada, mis 3. trabajamos, necesitamos, es, pequeña, mi, la, muchas, somos, tenemos, trabaja, trabajo, comemos, al

CAPÍTULO 4

Actividad A: Body Parts/Reflexive Verbs. 1. estómago 2. piernas 3. espalda 4. ojos 5. dedo 6. rodilla 7. codo 8. mano 9. maquillarse 10. escuchar 11. espalda 12. pie 13. oreja

Actividad B: Months. 1. febrero 2. septiembre 3. abril 4. diciembre 5. agosto 6. mayo 7. noviembre 8. julio 9. marzo 10. octubre 11. enero 12. junio

Actividad C: Writing Dates. 1. el dos de abril 2. el primero de mayo 3. el veinticinco de diciembre 4. el cuatro de enero 5. el nueve de agosto 6. el cuatro de julio 7. el catorce de febrero 8. el treinta de junio 9. el treinta y uno de diciembre 10. el veinticuatro de diciembre

Actividad D: Seasons. 1. verano 2. invierno 3. verano 4. invierno 5. invierno 6. verano 7. primavera 8. otoño 9. otoño 10. primavera

Actividad E: Reflexive Verbs. 1. duchándose 2. se afeita 3. se afeitan 4. me cepillo 5. se lavan 6. nos levantamos 7. os levantáis 8. me levanto 9. bañándome 10. se peina 11. ponerte 12. lavar 13. me desayuno 14. maquillándose

Actividad F: Reflexives in Questions/Answers. 1. (Yo) Me levanto temprano/tarde. 2. (Yo) Me baño. / (Yo) Me ducho. 3. Sí, (yo) me afeito la barba. / No, (yo) no me afeito la barba. 4. Sí, (Tammy Baker/Ella) se maquilla mucho. 5. Sí, (nosotros) nos cepillamos los dientes con Crest. / No, (nosotros) no nos cepillamos los dientes con Crest. 6. (Yo) Me desayuno en casa/en una cafetería. / (Yo) No me desayuno. 7. Sí, (yo) me afeito las piernas. / No, (yo) no me afeito las piernas. 8. No, no se peina (porque no tiene pelo).

Actividad G: Personal *a* and the Preposition *a*. 1. a 2.— 3. A 4. a 5. — 6. a 7. a 8. a 9.— 10. a 11.—

Actividad H: Weather, Months and Seasons. 1. hace frío 2. hace calor 3. el otoño 4. el verano 5. el invierno 6. nieva 7. hace buen tiempo 8. Diciembre, enero y febrero 9. otoño

Actividad I: *Saber* vs. *Conocer*. 1. Sabes 2. Conoces 3. saben 4. conoce 5. Sabe 6. sé 7. Conoces 8. Conocen 9. conozco 10. Sabes 11. sabe 12. conozco 13. Sabe

Actividad J: Impersonal and Passive *se*. 1. se hablan 2. se habla 3. se venden 4. se esquía 5. se escucha 6. se come 7. Se abren 8. Se necesitan

Actividad K: Miniconversations. 1. a 2. b 3. c 4. c 5. a 6. a 7. b 8. c

Actividad L: Cloze paragraphs. 1. levanto, quito, me, cepillo, dientes, me, al, la, hace, ropa, salgo, desayuno, está, leo 2. de, está, los, poco, ojos, salir, esta, escuchando, leyendo, una, voy, me, venden, en 3. es, nada, calor, sol, todos, beben, el, Este, a

Actividad M: Cloze Conversations. este, la, de, a, ése, de, son, un, venden, muy, Eso

CAPÍTULO 5

Actividad A: Telling Time. 1. Es la una. 2. Son las diez menos cinco. 3. Son las cinco. 4. Son las cuatro menos veinte. 5. Son las seis menos cuarto. 6. Son las once. 7. Es la una y cinco. 8. Son las cuatro y cuarto (quince). 9. Son las nueve. 10. Son las seis y veinte. 11. Son las ocho menos diez. 12. Son las siete. 13. Son las ocho y veinticinco. 14. Son las diez y media. 15. Es la una menos veinticinco. 16. Son las dos. 17. Son las tres. 18. Son las dos y diez.

Actividad B: Question/Answer Time Expressions. 1. (El programa) Es a las siete y media. 2. (Yo) Voy a ir a la una y cuarto (quince). 3. Son las tres menos cuarto (quince). 4. (La fiesta) Es a las ocho. 5. (Pablo) Viene a la una. 6. (La película) Es a las nueve y diez. 7. Son las cinco menos veinte. 8. (La clase de inglés) Es a las diez y cuatro.

Actividad C: *Tener* Expressions. 1. tenemos frío 2. tiene vergüenza 3. tengo calor 4. tenemos sueño 5. Tengo miedo 6. tenemos sed 7. tengo hambre

Actividad D: Stem-Changing Verbs. 1. quieres 2. empezando 3. jugamos 4. pides 5. queréis 6. empieza 7. vuelven 8. viene 9. Podéis 10. se acuestan 11. duermes 12. nos despertamos 13. almorzamos 14. Me pruebo 15. sirviendo 16. cuestan 17. nos vestimos 18. cuesta 19. me despierto 20. nos dormimos 21. prefiere 22. digo 23. se acuestan 24. diciendo 25. entendemos 26. perdemos 27. comienza 28. durmiendo 29. vistiéndome 30. Piensan 31. cierra 32. sirve 33. divirtiéndose

Actividad E: Stem-Changing Verbs. 1. Yo empiezo a estudiar a las ocho todos los días. 2. Nos dormimos en la clase de historia. 3. Yo me despierto temprano todos los días. 4. Yo me divierto mucho con Víctor y Ana. 5. Nosotros volvemos tarde a casa todas las noches. 6. Nosotros siempre pedimos cerveza. 7. Yo juego al fútbol los sábados. 8. Nosotros pensamos ir a Cancún para las vacaciones. 9. Yo quiero ir a un restaurante. 10. Preferimos dormir. 11. Dormimos ocho horas todas las noches.

Actividad F: Colors. 1. amarillo 2. roja 3. azul 4. blanco y negro 5. marrón 6. verde, blanco y gris 7. rojo 8. amarillo 9. negras 10. rosada 11. blancos 12. azules 13. anaranjado 14. morado

Actividad G: Clothes. 1. traje de baño 2. suéter 3. abrigo 4. lana 5. algodón 6. seda 7. cuero 8. vestido 9. corbata. 10. media 11. gafas de sol 12. blusas 13. camiseta 14. zapatos 15. botas 16. ropa interior

Actividad H: *Por/para.* 1. por 2. para 3. para 4. Por 5. para 6. por 7. para 8. por 9. Para 10. Por 11. para 12. por 13. por

Actividad I: *Ser/estar.* 1. está 2. es 3. están 4. es 5. están 6. está 7. son 8. es 9. es 10. está 11. son

Actividad J: Miniconversations. 1. c 2. a 3. a 4. b 5. b 6. c 7. c 8. b 9. c 10. c 11. b

Actividad K: Cloze Paragraph. están, jugando, de, para, seda, gusta, dice, de, que, puedo, visten, ponen, pantalones, vienen

Actividad L: Cloze Conversation. comprar, para, vestido, unos, gustaría, talla, pequeña, Prefiere, cuesta, pero, para, color, esta, cuesta, vergüenza, cierra, las, puede

CAPÍTULO 6

Actividad A: Numbers. 1. novecientos 2. quinientos 3. setecientos setenta 4. mil 5. setecientos 6. ochocientos 7. seiscientos 8. mil 9. cien 10. trescientos 11. cuatrocientos cuatro 12. un millón 13. doscientos

Actividad B: Prepositions of Location. 1. falso 2. cierto 3. cierto 4. cierto 5. falso 6. falso 7. falso 8. cierto 9. cierto 10. cierto 11. falso

Actividad C: Preterit. 1. escribieron, escribió, escribí 2. jugaron, jugué, jugamos 3. fueron, Fuimos, fui 4. bebió, bebí, bebió 5. pagaste, Pagué 6. Cantaste, cantaron, cantó 7. empezaste, empecé 8. Habló, hablé 9. dieron, dimos

Actividad D: Change from Present to Preterit. 1. hablé con Juan 2. corrieron cinco kilómetros 3. empecé a estudiar a las siete 4. nos dio un examen 5. miré la televisión por dos horas 6. mis padres bebieron café 7. nosotros estudiamos mucho 8. cerraron la tienda a las ocho 9. jugaste al fútbol 10. fuimos al cine 11. busqué el periódico 12. él no hizo la tarea 13. me lavé el pelo

Actividad E: Prepositional Pronouns. 1. ti 2. contigo 3. él 4. mí 5. ella 6. ti

Actividad F: Prepositions. 1.— 2. de 3.— 4. de 5. a 6.— 7. con 8. en 9. de 10. a 11.—

Actividad G: Means of Transportation. 1. el autobús 2. el taxi 3. el barco 4. el camión 5. el tren 6. la moto / la motocicleta 7. el avión 8. el carro / el coche / el auto 9. la bici / la bicicleta

Actividad H: Family and Modes of Transportation. 1. avión 2. primos 3. cuñado 4. bici / bicicleta 5. tíos 6. nietos 7. metro 8. hermana 9. abuelos 10. carro / coche / auto

Actividad I: Indirect-Object Pronouns. 1. Le 2. Me 3. Les 4. le 5. Nos 6. me 7. te 8. Le 9. te 10. Le

Actividad J: Position of Indirect-Object Pronouns. 1.— 2. Voy a escribirle mañana. 3.— 4. Vas a darles el dinero, ¿no? 5.— 6. ¿Estás ofreciéndome un trabajo? 7. ¿Qué estás preguntándome? 8.— 9. ¿Estás hablándonos?

Actividad K: Question/Answer with Indirect-Object Pronouns. 1. Sí, te voy a escribir. / Sí, voy a escribirte. 2. Sí, les mandé los libros. 3. Sí, le ofrecí el trabajo (a ella/a la Sra. Sánchez). 4. Sí, te conté todo. 5. Sí, nos van a explicar el plan. / Sí, van a explicarnos el plan. 6. Sí, me diste las revistas. 7. Sí, (el Sr. Ochoa) nos mandó los papeles.

Actividad L: Affirmatives/Negatives. 1. No, no te compré nada. 2. No, no me dijo nada. 3. No, no tengo nada. 4. No voy a hacer nada. 5. No tengo nada. 6. No, no tengo nada. 7. No, no me dio nada. 8. No, no recibimos nada. 9. No, no viene nadie (de mi oficina). 10. No sabe nadie. / Nadie sabe. 11. No, (mi hermano/él) nunca estudia. / No (mi hermano/él) no estudia nunca. 12. No, no estudio nunca. / No, nunca estudio. 13. Nadie llamó. / No llamó nadie. 14. No, mi padre nunca trabaja. / No, mi padre no trabaja. 15. No, no veo a nadie. 16. No, no entendí nada.

Actividad M: Miniconversations. 1. c 2. a 3. a 4. b 5. c 6. a

Actividad N: Cloze Paragraph. fuimos, playa, nadaron, nunca, comió, bebió, pasaron, político, nadé, me senté, hizo

Actividad O: Cloze Monologue. que, hice, de, miramos, Le, bailar, me, bailó, hablé, novia, le, está, llegué, cepillé, me, que

CAPÍTULO 7

Actividad A: Hotel and Telephone. 1. una habitación sencilla 2. una llamada de larga distancia 3. una habitación doble 4. el/la empleado/a 5. una llamada a cobro revertido 6. el botones 7. el/la recepcionista 8. media pensión 9. pensión completa 10. una llamada persona a persona

Actividad B: Verbs in the Preterit. 1. pudimos 2. puso 3. tuve 4. leyó 5. siguió 6. vinieron 7. Pudiste 8. Tuvieron 9. dijiste 10. estuvisteis 11. pudo 12. Pusieron 13. quiso 14. tuvimos 15. viniste 16. supieron 17. trajo 18. oyó 19. tradujeron 20. dijo 21. supo 22. estuvo 23. traduje 24. puse 25. quisieron 26. dije 27. estuvieron 28. trajeron 29. me dormí 30. leyeron 31. Oíste 32. vinimos 33. murió 34. mintió 35. durmieron 36. supieron 37. dijeron 38. pidió 39. Leíste 40. estuvieron

Actividad C: Affirmative and Negative Words. 1. algún 2. ninguna 3. ningún 4. algunos 5. algunas 6. ninguna 7. alguna

Actividad D: Trip Vocabulary. 1. un vuelo con escala 2. aduana 3. una maleta 4. un vuelo directo 5. la sección de no fumar 6. un pasaje 7. un pasaje de ida y vuelta 8. llegadas 9. salidas 10. a tiempo 11. retraso 12. la puerta 13. el asiento

Actividad E: Direct-Object Pronouns. 1. Juan va a comprarlo. / Juan lo va a comprar. 2. ¿La ves? 3. Las tengo. 4. La puse en la maleta. 5. Mis padres lo quieren. 6. La adoro, es muy buena. 7. ¿Lo ayudas mucho con su tarea? 8. ¿Por qué no la esperan Uds.? 9. Estoy esperándolo. / Lo estoy esperando. 10. ¿Los escuchaste?

Actividad F: Question/Answer. 1. Sí, los mandé. 2. Sí, te quiero. 3. Sí, te entendí. 4. Sí, los escribió. 5. Sí, lo trajo. 6. Sí, los llevamos. 7. Sí, te estoy escuchando. / Sí, estoy escuchándote. 8. Sí, lo lavamos. 9. Sí, lo mandó. 10. Sí, la estamos escuchando ahora. / Sí, estamos escuchándola ahora. 11. Sí, (la Sra. Beltrán) la leyó. 12. Sí, las voy a mandar. / Sí, voy a mandarlas.

Actividad G: *Hace* + Time Expression + *que*. 1. vivo 2. se murió 3. vi 4. soy 5. terminé 6. llegaron 7. empecé 8. fumo 9. estudio 10. estás

Actividad H: Miniconversations. 1. a 2. b 3. c 4. b 5. b 6. a 7. b 8. c 9. a 10. c

Actividad I: Cloze Paragraphs. 1. fui, a, fuimos, café, hora, llegué, Fue, escribí, las, una, salí, fue, algo, sirve, autobús, que, dormí, estoy 2. tuvimos, yo, de, dejó, fuimos, compró, la, se, cafetería, la, ninguna, hotel, pasajes, pudimos, que, Los, perdimos, muy

Actividad J: Cloze Paragraph. Viñolas, vuelta, que, Fue, viajes, dijeron, pasaje, dinero, cambiarlo, más, leyó, no, va

Actividad K: Cloze Conversation. días, larga, llamada, Quisiera, la, este, dejarle, por, la, quisieron, la, nada, aduana

Actividad L: Cloze Paragraph. ida, está, maletas, hay, de, a, fumar, Salida, Escala, a, Asiento, la, de, en, Llegada, aduana

CAPÍTULO 8

Actividad A: Ordinal Numbers. 1. octavo 2. quinto 3. segundo 4. noveno 5. sexto 6. primero 7. séptimo 8. tercero 9. décimo 10. cuarto

Actividad B: Rooms of a House. 1. el baño 2. el comedor 3. la sala 4. el dormitorio 5. la cocina 6. el baño 7. la sala 8. el dormitorio 9. el comedor 10. el balcón 11. el garaje 12. la cocina 13. la sala 14. el dormitorio

Actividad C: Furniture and Appliances. 1. horno 2. sofá 3. nevera 4. lavabo 5. espejo 6. congelador 7. alfombra 8. fregadero 9. estufa

Actividad D: Subjunctive in Adjective Clauses. 1. pueda 2. tenga 3. sepa 4. sea 5. sabe 6. esté 7. guste 8. sea 9. quiere 10. tenga 11. es 12. sea 13. sea

Actividad E: *Ya* and *todavía*. 1. ya 2. Todavía 3. Ya 4. Todavía 5. Todavía 6. Todavía 7. Ya

Actividad F: Subjunctive, Indicative, Infinitive. 1. comer 2. tengas 3. des 4. vaya 5. escriban 6. hable 7. trabajar 8. miente 9. funcione 10. sea 11. hagas 12. hacer 13. coman 14. venir 15. empiece 16. mintamos 17. durmamos 18. pagar 19. se levanten 20. beban 21. esté 22. pague 23. compre 24. entendamos 25. salgan 26. saber 27. diga 28. estemos 29. decir 30. fume

Actividad G: Question/Answer. 1. Sí, (yo) quiero que (tú) vayas. 2. Sí, le aconsejo (a Juan) que escriba una carta. 3. Sí, (mis padres/ellos) me prohiben que fume. 4. Sí, les aconsejo que (Uds.) salgan (de aquí). 5. Sí, (mis padres/ellos) quieren que (nosotros) asistamos a la universidad. 6. Sí, te aconsejo que uses el Manual de laboratorio. 7. Sí, espero que (Ana/ella) vuelva pronto. 8. Sí, quiero que (Uds.) me manden cartas. 9. Sí, quiero que estas preguntas terminen.

Actividad H: Miniconversations. 1. a 2. b 3. b 4. c 5. c 6. a 7. a

Actividad I: Cloze Paragraph. busca, tenga, sol, Me, música, hagan, a

Actividad J: Cloze Paragraph. hable, con, es, nada, aconsejo, le, lista, jefe, de, escribe, le, sepa, cuenta, quiere, ser

CAPÍTULO 9

Actividad A: Hobbies. 1. hacer crucigramas 2. juegos electrónicos/vídeos 3. jugar (a las) cartas 4. cocinar 5. arreglar el carro 6. coleccionar monedas/sellos 7. coser 8. cuidar plantas/jardinería 9. escribir cartas/poesías 10. hacer rompecabezas 11. pintar 12. tejer 13. jugar (al) ajedrez

Actividad B: Kitchen Items. 1. una cuchara 2. un cuchillo 3. una sartén 4. una taza 5. un vaso 6. un tenedor 7. una servilleta 8. un plato 9. una olla

Actividad C: Food. 1. huevo 2. sal y pimienta 3. cebolla 4. queso 5. tomate 6. fruta 7. aceite y vinagre 8. jamón

Actividad D: Doubt or Certainty. 1. odia 2. tenga 3. sepas 4. pueda 5. viene 6. es 7. jueguen 8. empiece 9. salga 10. pueda 11. necesito 12. deban 13. sea 14. pueda 15. tengamos 16. tenemos 17. guste 18. son 19. comer 20. vengan 21. sea 22. esté 23. ir 24. trabajan

Actividad E: Adverbs Ending in *-mente*. 1. rápidamente 2. frecuentemente 3. fácilmente 4. Generalmente 5. inmediatamente 6. constantemente 7. divinamente 8. solamente 9. tranquilamente

Actividad F: Expressing Emotion. 1. mienta 2. esté 3. poder 4. escriba 5. crean 6. quieras 7. esquiar 8. estén 9. vaya 10. funcione 11. guste

Actividad G: *Por/para, tuvo/tenía, fue/era*. 1. por 2. eran 3. tenía 4. por 5. tuve 6. Era 7. por 8. por 9. Para 10. tenía 11. Eran 12. Para 13. por

Actividad H: Miniconversations. 1. b 2. a 3. a 4. b 5. c 6. a 7. c 8. b 9. a 10. c 11. a 12. c

Actividad I: Cloze Paragraph. las, que, la, para, en, llegues, esté, jugar, que, van, jugar, por, para, ingredientes, y, dinero, un, a, tenga, esta, por

Actividad J: Cloze Paragraph. puede, Se, necesite, unos, por, tiempo, tengamos, estampillas, juegos, más, por, para

CAPÍTULO 10

Actividad A: The Mail. 1. una carta 2. un buzón 3. el/la cartero 4. (están haciendo) cola 5. un paquete 6. una tarjeta postal 7. un telegrama 8. un sello 9. un sobre 10. la dirección 11. el remitente

Actividad B: Sports Equipment. 1. los bates, los guantes, una pelota 2. una pelota, los cascos 3. los palos, una pelota 4. las raquetas, una pelota 5. los guantes 6. los patines de hielo, los guantes, los cascos 7. los esquíes 8. las bolas de bolos

Actividad C: Verbs like *gustar*. 1. me fascinan 2. nos encantó 3. le duele 4. le faltan 5. me duele 6. nos encantó 7. te pareció 8. me parecen 9. le encanta 10. les encanta 11. os parece 12. le falta 13. te pareció

Actividad D: Combining Direct- and Indirect-Object Pronouns. 1. Te la voy a mandar. / Voy a mandártela. 2. Se las compré para su cumpleaños. 3. ¿Quieres que te los mande? 4. Nos fascina el apartamento. 5. Nos los compró. 6. Siempre me los escribía. 7. Mi padre me lo regaló. 8. Se los voy a comprar. / Voy a comprárselos. 9. ¿Se lo diste? 10. Me gustan tus guantes. 11. ¿Me lo estás pidiendo? / ¿Estás pidiéndomelo?

Actividad E: The Imperfect. 1. hacía 2. tenían 3. erais 4. leíamos 5. íbamos 6. mandaba 7. creían 8. compraba 9. tenían 10. éramos 11. nadaba 12. llegaba 13. jugábamos 14. veía 15. había 16. era 17. iba

Actividad F: Imperfect or Preterit. 1. vivíamos 2. vimos 3. Hacía 4. pude 5. era 6. nos levantábamos 7. Había 8. fuimos 9. tenía 10. leía 11. empezó 12. era 13. estaba 14. iba 15. fue 16. Eran 17. Tenía

Actividad G: Miniconversations. 1. a 2. c 3. b 4. c 5. b 6. c 7. a 8. b 9. a 10. b 11. c 12. b 13. a 14. c

Actividad H: Cloze Paragraphs. 1. estés, hace, me, me, pero, tiempo, a, a, se, tenía, era, me, enseñó, de, era, por 2. si, pasado, fui, partido, Rico, eran, bajos, Estados, era, lo, estaba 3. que, correo, tarjetas, las, a, echo, visitar, pueda, vengas

Actividad I: Cloze Paragraph. era, tenía, Vivía, Uruguay, vida, iba, con, niño, íbamos, hacía, fría, días, comenzó, en, tenía, primera, libro, era, lo, se, tenía, se, era

CAPÍTULO 11

Actividad A: Health. 1. tener escalofríos 2. tener una fractura 3. la sangre 4. una radiografía 5. estar resfriado / tener un catarro / tener un resfrío 6. una infección / fiebre 7. una herida 8. tener diarrea 9. fiebre 10. toser 11. tener náuseas 12. buena salud 13. una enfermedad 14. está mareada 15. el jarabe 16. la aspirina 17. la cápsula 18. la receta (médica) 19. la inyección 20. el antibiótico

Actividad B: The Car. 1. el baúl 2. el volante 3. el acelerador 4. el aire acondicionado 5. el (espejo) retrovisor 6. el embrague 7. el freno 8. el/la radio 9. el limpiaparabrisas 10. las luces 11. las llantas 12. el parabrisas 13. el tanque de gasolina 14. el aceite 15. la batería 16. la matrícula / la placa 17. el cinturón de seguridad 18. arrancar 19. revisar

Actividad C: Preterit or Imperfect. 1. llamó 2. miraba 3. tenía, fui 4. Hacía, decidimos 5. compraba 6. se sentaban 7. tenía, se murieron 8. vine 9. salió, fue, pidió 10. manejaban, chocaron 11. veían, oyeron, sufrió 12. estaba, vi 13. arreglé 14. llegué, me senté, leí 15. Eran, llegó 16. Nevaba, hacía, tenían 17. se acostaban 18. estudiaba, practicaba 19. trabajaban, compraron 20. estábamos, empezaron 21. éramos, nos acostábamos 22. empezó 23. lloraba, gritaba 24. visitó 25. Había, cantaban, bailaban, llamó 26. decidió 27. era, vivía 28. Estaba, jugaron 29. vivieron 30. se duchaba, sonó 31. empezó 32. estaba, entró, pasaba 33. tuvo 34. caminábamos, oímos 35. paramos, dejó, dio 36. tosía, estornudaba, tenía 37. visitaron, vieron 38. perdió 39. Eran, terminamos 40. caminaban, vieron 41. llegasteis 42. vieron 43. empezó 44. Era, llamó 45. se casaron 46. era 47. salió 48. vivías, comías 49. era 50. saliste 51. se murió, tenía 52. quería, decidí 53. pusiste 54. pudimos 55. debía, quería 56. llamé 57. visitábamos 58. hablaba, gritaba

Actividad D: Preterit or Imperfect II. 1. iba 2. tenía, compró 3. conociste 4. ibas, fuiste 5. tuvimos, dio 6. supimos 7. era, sabía, existía, decía, quería 8. íbamos, tuvimos 9. conocieron 10. tenían, salieron 11. íbamos 12. conoció 13. vivía, conocía 14. tenía, encontré 15. conocíamos, pasábamos

Actividad E: Past Participles as Adjectives. 1. arreglados 2. traducido 3. terminadas 4. perdida 5. pedida 6. casados 7. sorprendido 8. vestidos 9. mandada 10. cerrada 11. sentadas 12. acostado 13. levantado 14. vendidos 15. enojado 16. preparados 17. invitada 18. servida 19. lavado 20. repetida

Actividad F: Miniconversations. 1. b 2. a 3. a 4. c 5. b 6. a 7. c 8. b 9. c 10. b 11. a 12. a 13. c 14. b 15. c 16. b 17. a

Actividad G: Cloze Paragraph. estaban, accidente, años, manejaba, de, iba, chocaron, ayudaron, tenían, mucho, cinturón, estaba, estaba, dijeron, tuvieron, hospital

Actividad H: Cloze Conversation. está, bien, mucha, empezó, estaba, iba, para, verdad, Tuve, volví, una, receta, un, cerrada, farmacia

Actividad I: Cloze Paragraph. Eran, en, llamó, su, tenía, una, estaba, se, tuvo, al, llamó, estaba, Tenía, que, sea, quiere, por, muy, Dijo, por, costaba

CAPÍTULO 12

Actividad A: Instruments and Food. 1. filete 2. trompeta 3. ajo 4. carne de res 5. cordero 6. batería 7. helado 8. pavo

Actividad B: Geography. 1. puente 2. selva 3. valle 4. campo 5. costa 6. bosque

Actividad C: Geography. 1. selva 2. colina 3. playa 4. montañas 5. puente 6. río 7. océano 8. puertos / ciudades 9. volcán 10. autopista 11. isla 12. lago 13. valle 14. cataratas 15. bosque 16. campo

Actividad D: Preterit vs. Imperfect. 1. visitábamos, vivían 2. fueron, estudiaron 3. hizo 4. trabajaba, comíamos 5. había 6. Vieron 7. vivía, iba 8. Abrieron 9. bailaban, eran 10. caminaba, hacía 11. Estaba, oímos 12. salíamos, comíamos, íbamos, tenía, íbamos, me encantaba 13. tuvimos, salí 14. Sabía, dolía 15. empezaron 16. nevaba, tomaba 17. tenía, estaba 18. se levantó, se dio, tenía 19. nadábamos 20. tenía, salíamos 21. perdí 22. quería, conoció 23. iba, quería, hacía 24. pidió

Actividad E: Past Participles as Adjectives. 1. abierta 2. escritas 3. hecha 4. muertos 5. roto 6. abierto 7. dicho 8. puesta 9. hechas 10. pedido 11. lavados 12. servido 13. hecho 14. escrito 15. vestida 16. rota

Actividad F: Negatives. 1. ni, ni 2. Nadie/Ninguno 3. ninguno 4. ni, ni 5. nada 6. ni 7. nada 8. ni 9. Ninguna 10. ni 11. nada 12. ni

Actividad G: Comparatives and Superlatives. 1. más alto que Felipe 2. menos inteligente que Pepe 3. mayor que Felipe 4. menor que su hermano 5. la peor de mis tres hijas 6. la más simpática de los cuatro perros 7. mejor que David 8. más simpática que Carmen 9. el mejor de todos mis profesores 10. más bajo que Jorge 11. la menor de las tres

Actividad H: *De, que; más, menos; el, la, los, las.* 1. de 2. que 3. el, de 4. de 5. que 6. de 7. los, de 8. menos de 9. de 10. la

Actividad I: The Absolute Superlative *-ísimo.* 1. Paula es simpatiquísima. 2. Estas lentejas están buenísimas. 3. El examen fue facilísimo. 4. El carro de Guillermo es rapidísimo. 5. La clase de historia me pareció larguísima hoy. 6. El niño está felicísimo hoy porque es su cumpleaños. 7. Juanita es bajísima. 8. Las tortillas de mi madre son riquísimas.

Actividad J: Miniconversations. 1. b 2. c 3. a 4. a 5. a 6. c 7. b 8. c 9. b 10. c 11. b 12. a 13. a

Actividad K: Cloze Paragraph. pasada, Había, del, para, la, selva, grupos, ciudades, escritas, más, hoy, ni, el

Actividad L: Cloze Conversation. ibas, pude, Fuiste, ni, ni, te, me, ni, eran, tocaba, era, mejor, tocaban, qué, puedo, de, estaba, a, muchísimo

Actividad M: Cloze Paragraph. era, muchas, tenía, de, la, se, era, que, A, a, fríos, estaba, hacía, nadando, de, para, a, estaba, buscarlo, ni, perro, estaban, dos

CAPÍTULO 13

Actividad A: Travel Vocabulary. 1. el chofer 2. la entrada 3. las excursiones 4. el/la guía turístico/a 5. los impuestos 6. el itinerario 7. libre 8. opcionales 9. la propina 10. el/la taxista 11. el traslado

Actividad B: Jewelry. 1. el anillo 2. las perlas 3. las esmeraldas 4. el reloj 5. los aretes 6. los gemelos 7. las cadenas 8. el diamante 9. la pulsera 10. plata

Actividad C: Directions. 1. una esquina 2. subió 3. bajó 4. cruzar 5. dobló 6. pasó

Actividad D: Present Perfect. 1. Has comido 2. Han ido 3. he corrido 4. has sacado 5. Ha escrito 6. han bailado 7. ha bebido 8. Ha trabajado 9. he visto 10. ha tenido

Actividad E: Present Perfect or Present Perfect Subjunctive. 1. hayan salido 2. Han ido 3. he visto 4. hayamos venido 5. Has comido 6. hayan vuelto 7. haya terminado 8. ha manejado 9. Habéis viajado 10. han dicho 11. haya estudiado 12. haya ido 13. hayan llegado 14. ha trabajado 15. Ha usado 16. haya tenido

Actividad F: Unintentional Occurrences. 1. Se le perdieron 2. se nos quemaron 3. Se le cayó 4. Se le quemó 5. Se nos olvidó 6. Se te olvidó 7. se me perdieron 8. se le perdieron 9. se le rompió 10. se me olvidó

Actividad G: Formal Commands. 1. Hablen con la policía. 2. ¡No lleguen tarde! 3. ¡No la coma! 4. Abróchense el cinturón de seguridad. 5. No los compren. 6. ¡Dígaselo (Ud.)! 7. ¡No fumen! 8. ¡No lo toquen! 9. Siéntense allí. 10. ¡No hagan eso! 11. ¡Salga (Ud.) ahora mismo! 12. Doblen a la derecha en la esquina. 13. No empiecen ahora. 14. ¡Bajen (Uds.) del autobús ahora!

Actividad H: Comparisons of Equality. 1. tantos 2. tan 3. tanto 4. tan 5. tantos 6. tanto 7. tanta 8. tan 9. tantos 10. tantas 11. tan 12. tantos 13. tan

Actividad I: Miniconversations. 1. a 2. a 3. b 4. c 5. c 6. b 7. c 8. b 9. b 10. a 11. a 12. a 13. a 14. a

Actividad J: Cloze Paragraph. ha, Ud., viajado, e, agencia, modernas, Colombia, en, Visite, excursiones, guía, precio, tan, si, viajado, nuestros, le, oficinas

Actividad K: Cloze Paragraph. He, llamado, hayas, como, te, se, para, ni, tomen, cuadras, doblen, a, que, esta

CAPÍTULO 14

Actividad A: Dental Problems. 1. un empaste 2. una limpieza de dientes 3. hilo dental 4. las muelas de juicio 5. dolor de muela 6. muela 7. caries

Actividad B: Money. 1. caja 2. cheques de viajero 3. efectivo 4. cambio 5. moneda 6. billetes 7. sacar 8. tarjetas de crédito 9. firmar 10. cambio

Actividad C: Vocabulary. 1. salchicha 2. empaste 3. galleta 4. mantequilla 5. yogur 6. tocino 7. firma 8. churros 9. empaste 10. tocino 11. hilo dental

Actividad D: Informal Commands. 1. No lo toques. 2. Acuéstate ahora. 3. Haz la cama antes de salir. 4. No lo comas. 5. Siéntate. 6. No lo empieces ahora. 7. Sal de aquí. 8. Escríbeselo. 9. No se lo mandes. 10. Ven mañana. 11. No vengas a mi apartamento. 12. Véndeselo. 13. No hagas eso. 14. Ponlos en el armario. 15. No vayas a clase hoy. 16. Ve a la tienda. 17. Cómpramelo. 18. Sé bueno. 19. Di la verdad. 20. No se lo digas nunca. 21. ¡Ten cuidado! 22. Deja de molestar a la gente. 23. Levántate.

Actividad E: Implied Commands. 1. salgas 2. hace 3. llamen 4. tenga 5. es 6. necesitas 7. va 8. llames 9. viene

Actividad F: Nominalization. 1. Me gustan tus pantalones negros y los azules. 2. Necesito un diccionario español y uno francés. 3. ¿Vas a comprar la falda verde y la rosada? 4. El carro que quería comprar y el que compré eran muy diferentes. 5. Tenemos un bolígrafo rojo y uno negro. 6. Terminé la novela de aventuras y también la de Isabel Allende. 7. Me gustan los discos de salsa y los de jazz.

Actividad G: Long Forms of Possessive Pronouns. 1. El mío 2. el tuyo 3. Los nuestros 4. el suyo 5. El mío 6. La mía 7. el tuyo 8. el suyo 9. El nuestro

Actividad H: Miniconversations. 1. b 2. a 3. a 4. c 5. c 6. b 7. a 8. b 9. a 10. c 11. b 12. c 13. b 14. c

Actividad I: Cloze Conversation. seas, Porque, muela, carie, juicio, la, nada, arriba, la, te, te, ay, duele, empaste, por, tienes, hagas, de, comas, las

Actividad J: Cloze Paragraph. hace, lado, grupo, médico, tiene, tome, otro, bien, desayunamos, está, jugos, nuestro, El, agua, cambiar, perdieron, viene

CAPÍTULO 15

Actividad A: Animals. 1. elefante 2. pez 3. toro 4. vaca 5. perro 6. gato 7. pájaro 8. mono 9. oso 10. caballo 11. perro 12. león 13. gato 14. caballo 15. serpiente 16. gallina

Actividad B: The Environment. 1. la contaminación 2. la fábrica 3. la lluvia ácida 4. la energía solar 5. reciclar 6. la basura 7. la energía nuclear 8. la extinción 9. conservar

Actividad C: Adjectives. 1. agresiva 2. cobarde 3. perezosos 4. ignorantes 5. honrada 6. amable 7. ambicioso 8. orgullosos 9. sensatos 10. valiente 11. amable

Actividad D: Subjunctive in Adverbial Clauses. 1. llego 2. puedas 3. fui 4. tenga 5. deje 6. salgan 7. visité 8. termine 9. lleve 10. termine 11. entienda 12. ganaron 13. gane 14. dijeron 15. llegue 16. hable 17. levantó 18. reciba

Actividad E: Suggesting and Inviting. 1. ¡Levantémonos! 2. ¡Nademos! 3. ¡Sentémonos aquí! 4. ¡Estudiemos ahora! 5. ¡Escribámoslo! 6. ¡Volvamos! 7. ¡Comámoslo! 8. ¡Esquiemos! 9. ¡Hagámoslo! 10. ¡Visitémoslas! 11. ¡Empecémoslo! 12. ¡Acostémonos!

Actividad F: *Qué* or *cuál*. 1. Cuál 2. Qué 3. Cuáles 4. Cuál 5. Qué 6. Cuál 7. Qué 8. Qué 9. Cuál 10. Qué 11. Qué 12. Cuál 13. Cuál 14. Qué 15. Qué 16. Cuál 17. Qué 18. qué 19. Cuál 20. Qué 21. Qué 22. Cuáles 23. Qué 24. Qué 25. Qué 26. Cuál 27. qué

Actividad G: Past Perfect. 1. habíamos llegado 2. había comido 3. habían comprado 4. había estado 5. había estado 6. habían estudiado 7. había visitado 8. había ido 9. había salido

Actividad H: Relative Pronouns. 1. lo que 2. que 3. quien 4. que 5. Lo que 6. que 7. que 8. quien 9. que 10. Lo que 11. Lo que 12. que 13. que 14. quienes

Actividad I: Miniconversations. 1. b 2. a 3. a 4. c 5. b 6. a 7. c 8. b 9. b 10. a 11. c 12. c 13. a 14. c 15. b 16. a 17. b

Actividad J: Cloze Paragraph. el, necesario, para, de, ácida, habían, habían, la, qué, Lo, solar, basura, selva, esté, tarde, ambiente

Actividad K: Cloze Conversation. estabas, había, quien, cuál, Por, difícil, a, estoy, había, que, hasta, por

CAPÍTULO 16

Actividad A: Photos and Glasses. 1. lentes de contacto 2. enfocar 3. Duros, blandos 4. oculista 5. diapositivas 6. revelar 7. pila 8. flash 9. rollo/carrete 10. anteojos/gafas 11. álbum 12. color

Actividad B: *El empleo*. 1. recomendación 2. contrato 3. curriculum (vitae) 4. despidieron 5. entrevista 6. solicitud 7. títulos 8. medio tiempo 9. tiempo completo 10. solicitar 11. sueldo 12. seguro médico 13. experiencia 14. puesto/trabajo/empleo 15. desempleo 16. rellenar

Actividad C: The Future Tense. 1. tendrán 2. comeré 3. sabrá 4. estarás 5. iremos 6. llamaré 7. saldrán 8. venderá 9. pediré 10. podremos 11. pondré 12. jugará 13. darán 14. Vendrán 15. viajarán 16. Correrá 17. diré 18. se sentará

Actividad D: The Conditional. 1. haría 2. aceptaría 3. vendrían 4. hablaría 5. podría 6. compraría 7. pondría 8. escribiría 9. Preferirían 10. querría 11. pensaríamos 12. ayudaría 13. iría 14. terminarían

Actividad E: Expressing Probability. 1. tendría 2. estarán 3. pagaría 4. Estará 5. tendrá 6. diría 7. estarán 8. sería 9. Habrá 10. Estarían

Actividad F: Adverbial Clauses. 1. venga 2. ofrezca 3. salir 4. tenga 5. traigas 6. decir 7. sepas 8. se despierte 9. comer 10. necesiten 11. entender 12. sepa 13. venga 14. hacer 15. ocurra 16. necesites 17. veas 18. decir

Actividad G: Miniconversations. 1. a 2. a 3. c 4. b 5. a 6. a 7. c 8. b 9. a 10. b 11. c 12. c 13. a 14. c 15. b 16. b 17. a 18. a 19. c

Actividad H: Cloze Paragraph. que, tenga, solicitud, recomendación, sea, trabajar, tendrán, que, Lo, las, entrevistas, Será

Actividad I: Cloze Monologue. un, los, ir, dije, salieran, por, vasos, fiesta, Qué, menos, son, ser, limpiar, vuelvan

CAPÍTULO 17

Actividad A: *El arte.* 1. una copia 2. obra maestra 3. dibujar 4. pintor 5. escena 6. bodegones 7. estatua 8. original 9. escultor 10. un retrato

Actividad B: *El amor.* 1. novios 2. amante 3. aventura amorosa 4. comprometidos 5. corazón 6. se divorciaron 7. celosa 8. pareja 9. odia 10. pelearse 11. se separaron 12. celoso 13. soledad 14. se enamoró

Actividad C: *Preguntar* vs. *Pedir.* 1. preguntar 2. preguntó 3. pidieron 4. pido 5. preguntó 6. pidió 7. pedí 8. preguntar 9. pidieron 10. piden 11. preguntar 12. preguntaron 13. pedir 14. pidieron 15. preguntó 16. pregunta 17. pedir

Actividad D: The Imperfect Subjunctive. 1. gustara 2. sepa 3. fuera 4. haya llegado 5. estudiáramos 6. aceptara 7. entiendas 8. tuviera 9. llame 10. existiera 11. perdiera 12. quiera 13. se casen 14. viera 15. comprara 16. se hayan ido 17. se divorciaran 18. tenga 19. salieras

Actividad E: Reciprocal *se.* 1. Ellos se besan. 2. Nosotros nos miramos. 3. Ellos se odian. 4. Nosotros nos abrazamos. 5. Ellos se amaban. 6. Ellos se escribían. 7. Ellos se estaban besando cuando los vieron. 8. Nosotros nos queremos.

Actividad F: Hypothetical Situations. 1. estudiaría 2. estaríamos 3. estuviera 4. pudieras 5. tengo 6. visitará / va a visitar 7. hacemos 8. tuviera 9. serían 10. ofrecen 11. supieran 12. estudio 13. tuviéramos 14. Ganaríamos 15. saldré / voy a salir 16. viviera 17. tuviera 18. estaremos / vamos a estar 19. ganáramos

Actividad G: Miniconversations. 1. b 2. a 3. c 4. b 5. c 6. a 7. a 8. c 9. a 10. b 11. b 12. a 13. c 14. b 15. a 16. c 17. b 18. c 19. b 20. a

Actividad H: Cloze Paragraph. por, esta, te, ocupada, fuera, acaba, Lo, fuera, haría, se, porque, nos, de, nos, regrese

Actividad I: Cloze Paragraph. busca, con, llevo, fuera, tuviera, estuviera, me, fuera, nos, al, los, llame, pregunte

Actividad J: Cloze Monologue. está, pido, artista, de, españoles, pintó, que, que, fueran, personas, fueran, cuál, hayan

LO 18

vidad A. Vocabulary. 1. anarquía 2. senado 3. militares 4. voto 5. congresista 6. juez 7. manifestación 8. libertad de prensa 9. censura 10. huelga

Activity B: Miniconversations. 1. c 2. b 3. a 4. a 5. c 6. b 7. b 8. a 9. c 10. b 11. a 12. a 13. c 14. b 15. a 16. c

Activity C: Cloze paragraphs. 1. de, votar, quiere, candidato, ganen, pobres, había, a, que, Ojalá, por, tengan, sea 2. leí, lo, vivieran, pelo, Es, por, Enquirer, estaba, había, artículo, quería, era, gatos, ya, de, verdad 3. noche, vez, autor, obra, era, estuviera, que, que, duda, se, ha, es, sea, ganará, vean, las, días, los, vean, amor 4. Por, faltan, termine, mí, me, Qué, estoy, viajar, haga, más, lo, solicitud, fuera, apuro, entrevista, lo, que 5. cuando, lo, mi, que, crédito, pueda, pedía, tenga, de, están, era, estaba, iba, las, debajo, la, Quiero, estaba